スキルを活かす！

2025年版

理工系×企業

ジョブマッチング

日刊工業新聞特別取材班 編

　製造業をはじめさまざまな業種において、高いポテンシャルを持つ理工系の人材は引っ張りだこの存在です。理工系の専門知識を持つ人材は新しい製品やサービスを生み出す能力を秘めています。また、最近は、生成AIを使いこなして、企業活動に役立てようとする動きが急速に広まっており、ここでも理工系の人材に対する期待が高まっています。2025年の就職戦線において、理工系学生の争奪戦はさらに激化していくことが予想されます。

　このように一見、理工系の学生にとって選択肢が広まっているように見えますが、その分迷いも深まっているかもしれません。

　本書では、きらりと光る魅力を持つ企業の事業内容と、そこで活躍している若手社員の声を多数紹介しています。

　本書を読んで興味を持った企業があれば、ぜひアクセスしてみてください。学生時代とは一味違った新たな世界を知るきっかけとなるかもしれません。有意義な就職活動を展開するためにぜひ本書を手に取ってご活用ください。

日刊工業新聞社

2025年版

スキルを活かす！

理工系×企業

ジョブマッチング

目次

本書の構成

　売手市場の中で人材争奪戦が展開されている昨今の就職戦線。学生にとって選択肢が多いことは望ましいことかもしれないが、必ずしも自らが描いた通りの就職ができるとは限らない。そうしたことも念頭に置いて、就職活動の序盤ではできるだけウイングを広げたほうがよいだろう。

　本書は2025年に入社を予定している理工系の学生に、従来の企業情報とは異なる切り口から就職活動に役立つ情報を提供し、有望な若手を求める企業との橋渡しとなることを狙いとしている。

　本書の冒頭の巻頭言やコラムでは、大学や社会の最前線で活躍している専門家や若手経営者、SNSなどで活躍のフィールドを広げている技術者などによるホットなメッセージを収録している。いずれも豊富な経験をベースに一味違った持論を披露しているので、視野を広める参考にしていただきたい。

　本書のメインである会社レポートでは、上場企業から中堅・中小企業にいたるまで、技術力や開発力、サービスなどで特徴を持つ企業の業務内容や若手社員の声を紹介している。また、専門性の獲得やスキルアップを支援する仕組みなど、キャリア形成に関する企業の取組みも取り上げている。

　中には、トップの考えや企業文化についてアピールしている企業もある。これらが自分自身の価値観に合致しているかも就職先を検討する際の重要な事項となる。価値観が合致していれば、じっくりとキャリ形成を図ることができるが、そうでない場合はその会社を選択したことを後悔することになりかねない。表に見える製品や財務に関する情報だけでなく、さまざまな角度から検討を進めていただきたい。

　変化の激しい時代の中で、今後伸びる企業と自分自身をマッチングさせることは簡単ではないかもしれない。しかし、理工系学生への期待は非常に大きい。その一端を本書から感じ取っていただき、就職活動の一助となれば幸いである。

納得内定にこだわり
未来をつくる就活を

千葉商科大学 国際教養学部 准教授 常見 陽平

内定が出ればいいというわけではない

「今年の就活は、大丈夫でしょうか?」

毎年、学生や保護者からこう質問される。私は昨今の状況についてこう答える。「凄まじいまでの売り手市場です。だから、気をつけてください」と。

新型コロナウイルスショックによる就職氷河期再来が懸念されたが、幸い、求人は「薄曇り」程度のダウンにとどまった。リクルートワークス研究所が毎年、発表している「大卒求人倍率調査」によると、新型コロナウイルスショックの影響を受けた年度以降の新卒求人倍率を確認すると、21年卒は1.53倍、22年卒は1.50倍、23卒は1.58倍、24卒は1.71倍だった。この指標は1.60倍を超えると売り手市場だとされている。コロナによる影響は限定的だった。企業の若者人材に対する飢餓感は強い。

なぜ私は「売り手市場に気をつけろ」というのか。人材不足から、企業の採用活動がなりふり構わないものになっており、学生にとって企業を冷静に選択できない状況になっているからだ。

「今年度は600名の新卒採用を確保し、次年度も今年以上の人材を確保する予定です」「スピード採用」「人物重視の採用!書類選考・適性検査一切なし!」

これは、ビッグモーターの採用情報だ。事故車の修理に伴う保険金を水増し請求し、過大に保険金を受け取っていたなどの不祥事が明るみに出た。同社の従業員はゴルフボールを靴下に入れて振り回すなどして、意図的に事故車に傷をつけて損傷範囲を広げるなどの不正を行っていた。同社は、不祥事が発覚するまで、このような採用活動を行っていた。

ツッコミどころ満載である。同社の従業員数は約6,000名で、採用予定人数の600名は約1割に相当する。これだけの人数を採用できるかどうかも不安だが、約1割が新入社員という企業は混乱必至である。採用する理由も気になる。離職率が激しいからではないかと疑いたくもなる。

スピード採用、書類選考・適性検査一切なしというのも、就活生の負荷を軽減する配慮のようにも捉えることはできるが、新卒の学生なら誰でもいいかのようにも見えてしまう。このような企業に人物重視と言われたところで、適切に評価できるのか不安になる。

ただ、私は大学で学部の進路責任者を担当しているが、このような雑な採用活動をしている企業によく遭遇する。説明会からすぐに選考があり、あっという間に内定が出る企業などがある。ここ数年、「早期選考」も盛り上がりを見せている。大学3年生の夏のインターンシップ参加者などに、このルートが案内され、早期に内定が出る。もっとも、外資系コンサルティング会社やIT企業など、学生にとって人気があり、もともと早期に選考を行っている企業以外の場合、内定が出ても学生は困惑する。こんなに早期に就活を終了してしまっていいのか。時期だけでなく、採用活動自体が短期で終わり、不安になる。採用活動が荒れていると感じる瞬間だ。

オワハラ(就活終われハラスメント)も横行している。文字通り、自社への内定を受諾するように促し、他社の選考を妨害したり、内定を辞退させたりする行為だ。「他社の選考を受けません」という項目まである内定承諾書や誓約書にサインさせるなどの行為が横行している。中には、指導

教員、さらには学長などの推薦状の提出を求める企業もある。学校、研究室などへの推薦型の求人ならまだわかる。しかし、自由応募の求人において、内定を出した後に推薦状の提出を求めるとはどういうことか。学生のことを深く理解するというよりも、内定を辞退しにくくするという意図が見え隠れする。

かつて、就職氷河期やリーマンショックのように、求人数が減り、大学を卒業しても就職に苦労した時代があった。それに比べると、求人数が十分にあり、企業が学生に積極的にアプローチする環境は、ぜいたくのように見えるかもしれない。ただ、内定が出ればいいというわけではない。どの時代においても企業は、内定が出るかどうか不安な学生の心につけ込む。学生は職業選択の自由の権利を行使しなくてはならない。

会社を、仕事を選ぶ主導権を握り続けよう

就活を前に不安な気持ちでいっぱいかもしれないが、あなたには未来があり、可能性がある。就活とは未来をつくる行為である。あなたの選択で、企業も社会も変わるかもしれない。企業があなたを選ぶのではない。あなたが企業を、仕事を選ぶのだ。それは未来を選択する行為でもある。

売り手市場化、就活の早期化が顕著であるが、だからこそ、ゆっくりと考えて選択する勇気を大切にしたい。例えば、業界を絞り込むことを目的化している学生、絞り込めずに焦っている学生を見かける。気持ちはわからなくはない。企業からのアプローチも激しいし、早く絞り込んで安心したい人もいるだろう。業界を絞り込めば、行動も明確になるし、その業界を掘り下げることもできる。ただ、ややちゃぶ台をひっくり返すのだが、「業界を絞り込め」と誰が言ったのか？これは手段の1つであって、目的ではない。よく「軸を決める」ことは「業界を絞る」ことだと勘違いしている人がいる。大きな誤解である。軸＝業界とは

限らない。業界を超えて、組織風土や業界内のポジションで絞り込むやり方もある。

同様に自己分析の目的化も気になる動きだ。一刻も早く自分という人間について正解を見つけようとする。これも大きな間違いであり、本末転倒である。このような自己分析では、就活を進めるうちに、自分がいかに上っ面のことしか考えていなかったかを思い知らされ、迷走してしまう。

求人は、ある。面白い企業、仕事は、ある。だからこそ急がずに、焦らずに、着実に就活を行ってほしい。自分を安売りしてはいけない。

大事にしてほしいのは、その選択で前向きな変化が起こるかどうかだ。自分がその企業に入社した際に、自分に、企業に、社会にどのような前向きな変化が起こるかを考えて欲しい。その際に、変化が容易に想像できる企業もいいが、想像できない企業を選ぶという手もある。実際、私自身「ない」と思っていた企業を選び続けることによって人生が広がってきた。「ない」ようで実際には自分との接点や、一緒に働くことでポジティブな変化が生まれる可能性はあるものだ。採用担当者として、志望度の低い学生に内定を出し、口説き落とすことでその学生と、企業、社会の未来をつくってきた。あのとき、口説き落とした学生たちが、私が人事をしていたバンダイナムコグループを想像もできないくらいに大きな企業にしてくれた。

理系の学生は喉から手が欲しい存在だ。だからこそ、自分を安売りせず、ゆっくりと未来を構想しよう。未来は素晴らしいに決まっている。

プロフィール（つねみ・ようへい）

働き方評論家／いしかわUIターン応援団長

一橋大学商学部卒業後、リクルート、バンダイ、ベンチャー企業を経て、一橋大学大学院社会学研究科修士課程での学び直しを経て、大学教員に。大学生の就職活動を研究。働き方をテーマに執筆・講演などに没頭中。『僕たちはガンダムのジムである』（日本経済新聞出版社）『なぜ残業はなくならないのか』（祥伝社）など著書多数。

正しいのかどうかなんてどうせ誰にもわからないから自分で正解にしていく

ビジネスファイターズ　飯田 剛弘

他人のアドバイスは話半分に

現代は変化が激しく仕事のあり方が変わっています。かつて常識だった終身雇用制度は変容し、現在ではキャリアの多様性や柔軟な働き方が重視されています。このような変化の中では、過去の成功体験に基づく他人の意見やアドバイスは参考にしつつ、全てを鵜呑みにしないことです。時代の流れや自分のキャリア目標を踏まえ、自分自身の考えを持つことが重要です。他人の言葉に振り回されず、自分の頭で考え、自らの判断で道を選び、信じることが、自分にとっての正解を見つけるための鍵です。

無知の知

私たちが知っている世界は実際の一部にすぎません。例えば、日本の報告スタイルは部下からの自発的なものが一般的ですが、海外ではリーダーから部下への指示が多いです。自分の常識が他者のそれと異なることに気づくことが、新たな視野を開く第一歩です。

さらに、情報過多の現代においては、効率的に情報を収集し、分析する能力が求められます。AIを活用して必要な情報を迅速に入手、仮説を立ててそれを検証することが重要です。仮説検証のスキルは、就活時の企業研究や面接準備にも役立つと思います。

失敗は成功の第一歩

振り返ってみると、海外の仕事は文化や言葉の壁もあり、最初はうまくいかないことばかりでした。しかし、相手や異文化を理解しようと努めたことで、多様な人とのコミュニケーション技術が身につき、プロジェクトが回るようになり、最終的にマネジメントが得意になりました。初めは失敗と感じたこれらの経験も、長い目で見れば貴重な学びの場となっていました。

仮に面接がうまくいかなかったとしても、同じだと思います。「2、3年後には、転職する」と思えば、この失敗はかすり傷のようなものです。大事なのは、失敗から学び、行動を続けることです。打席に多く立つことで、成功への道が徐々に見えてきます。

実際に起きてもいない未来を恐れても何も変わりません。そこは深く考えずに行動することです。行動で未来が変わります。やらない後悔よりも、やってからの後悔の方が、人生にとってはるかに意義深いものになります。人生のネタも増えます。未来の自分が「よくやった」と言えるよう、今を全力で生きることが大切です。

自分のキャリアは自分でデザインする

僕は社会人になってすぐ専門知識だけでは不十分だと気づきました。成果を出すには、仕事のできる人から業務や実務知識をTTP（徹底的にパクる）することが有効でした。また、自分の心の声に従い、マーケティングへの転向や異業種への挑戦などを通じて、キャリアを築いてきました。不安を抱えつつも、期待に胸を膨らませ、早く一人前になるため、学びと行動をし続けてきました。当時は、勤務中はアウトプットに注力し、それ以外ではビジネス書を1日1冊読むなどしてきました。

起業後も基本は変わりません。ChatGPTの

誕生で僕はAI活用にコミットしました。一時的な売上低下も覚悟しましたが、業界のトレンドや技術進化にアンテナを張り、学び続けることで新しいビジネスチャンスをつかみました。

ただ最も大切なのは、自分自身の内なる声に耳を傾け、情熱を持って追求することです。何か夢中になれるものを見つけたら、それに全力を注ぐことが重要です。他人がどう思うかは関係なく、自分自身の行動と学びを通じて、独自のキャリアをデザインしましょう。

多様性を踏まえたコミュニケーション

異なる価値観を持つ人とのコミュニケーションはキャリアに重要です。東南アジアのチームと仕事をしていたときは、文化や商習慣の違いから誤解を生むことがよくありましたが、リスペクトを持って話し合うことで解決してきました。傾聴し、相手がなぜそう考えるのかを理解することが大切です。一方で、「言わなくてもわかる」ではなく、明確な意図を伝えるよう、直接的な表現を使うことも有効です。

就職や起業、何をするにしても、私たちは、経験やスキル、背景など、多様な人たちと仕事をすることになります。このような状況においては、異なる価値観を持つ人々との積極的な交流を通じて、互いの視点を理解し、より広い視野で物事を捉えることが、充実したキャリアを築く鍵です。例えば、面接時には、面接官の視点を理解し、適切なコミュニケーションを心がけることが求められます。

AIと共に築く、未来のキャリア

今や、AIを使いこなせる人とそうでない人の間には、知能的に人間と猿くらいの差が生じると言われています。それほど大きな違いを生み出します。実際に、僕の仕事はAIなしでは考えられないほど、AIと共存しています。AIの活用はスキルを大きく伸ばすと同時に、新たな可能性を広げてくれます。

皆さんには、企業や業界の調査、履歴書の改善、面接のシミュレーションなど、多岐にわたる分野でAIの積極的な活用をお勧めします。

また、AIの進化により、誰もが簡単に知識にアクセスできるようになりました。知識量よりも、必要なときに必要な知識をサクッと得て活用するスキルが重要になっています。つまり、これからは苦労して暗記して、知識を身につけることよりも、AIを使った新しい努力の仕方を身につけることが大切です。この変化を理解しないと、間違った方向で努力して徒労に終わるかもしれません。それから、努力は報われると信じている方は、過度に見返りを期待しないでください。あなたを評価するのは他の人です。その点を踏まえ、AIをうまく活用し、自分のキャリアの形成に役立ててください。

主役はあなた、自分の物語を生きる

未来は自分自身で描くキャンバスです。行動によって、その絵は色づいていきます。キャリアも同様です。自分で選択し、築いていくものです。世の中は常に変化し、先のことは誰にもわかりません。「今」に集中し、本当に望むことに向かって挑戦し続けましょう。最後に「自分の人生の主役は自分」です。このことを忘れずに、今を全力で生き、人生を楽しみましょう。

プロフィール（いいだ・よしひろ）

南オレゴン大学卒。ITベンチャーではインド企業との共同開発プロジェクトに従事後、マーケティング担当者としてデータベース監査市場でシェア1位獲得に貢献（ミック経済研究所）。外資系製造企業では、日本、韓国、東南アジア、オセアニア地域のマーケティング責任者として、アジア太平洋地域でのマーケティングに取り組む。ビジネスファイターズ合同会社を設立。現在、CEO。マーケティング支援や、AI・ChatGPT活用の研修やアドバイザー業務を行う。また著書に関する講演も行う。著書に『令和上司のすすめ』（日刊工業新聞社）など7冊。

チャンスは平等ではないけれど
本人次第で道は開ける

ワイ・ディ・シー　田中 剛

壁を乗り超える鍵は「行動力」

私は、大学受験に向き合えませんでした。高校三年生の時に心が折れるほどショックなことがあり、大学に行かなくてもよいと思っていました。当時の高校の先生に半ば強引に大学に突っ込まれ、大学に入学したものの目的もなく漠然と日々過ごしていました。当時、将来について深く考えることもなく就職活動が始まり、その結果、大変苦労しました。

当時は、偏差値の高い大学の学生が就職においても大変有利でした。厳しい就職活動の中、他大学の友人からの情報をもとに参加したセミナーで、採用選考が進んでしまい、最終的に役員面接もクリアして内定をいただきました。内定後にその企業からは自分がもともと参加する予定であった就職セミナーの連絡をいただき、人事部に確認してみたところ、「問題なく内定しています」と言われました。不思議に思い、内定後になぜ就職セミナーの連絡が来たのかを確認すると、「あなたが参加したセミナーは指定校の学生が参加するセミナーだったのですが、当日なぜか参加されていたので、結果としてそこでもう合格しています」とのことでした。この時、機会というのは完全に平等ではないと思いました。ですが行動力があれば、その壁は超えられると学びました。

就職活動を通じて、世の中を知ろう

就職活動では、最終的に130社の採用試験を受けました。その理由は、そもそも自分がどんな業界で、どんな職種で、どんな活躍ができる

のか、まったくイメージが湧かなかったからです。結果的に一番行きたい！と思った企業に入りました。今と違って就活サイトのような企業研究のためのツールがなく、そもそも検索エンジンも普及していない中での就職活動だったので、とにかくたくさんの企業に応募し、いろいろな説明会に参加して、たくさんの情報を聞きました。こうしてたくさん行動した結果、業界、職種、大手企業、中小企業の特徴について就職活動を通じて勉強できたように思います。

就職活動では、某テレビ局のアナウンサー試験も受けて最終面接で落ちましたが、その時合格されたのが安住紳一郎さんでした。結果的に就職したのは、米国IT企業のヒューレット・パッカードというコンピューターメーカーでした。当時の世界一はIBMでしたが、1位は面白くない。2位に行こう！と決めたのでした。就職活動をやり切った上で、自分で決められたので、結果としてとても良かったと思います。そして、就職活動を通じて得た業界や企業に関する知識は、社会人になってからもとても役に立ちました。今はインターネットを使えば世界中の情報を入手できますが、これからの人生で一番時間を使うであろう仕事というものが何なのかを自分自身で知る経験はとても重要だと思います。

仕事は手段。目的ではない

世の中にはいろいろな仕事、企業や職種があります。成長著しいベンチャー企業や、100年続く大企業だけでなく、研究開発、製品開発、事業企画、生産、営業、保守サポートなど、職

種もさまざまです。就職活動中の学生のみなさんにお伝えしたいのは、あくまで、仕事は手段だということです。その仕事を通じて、何を成し遂げたいのか？将来の夢が重要だと考えています。私は経済同友会の仕事で中高生を対象に「仕事とは何か？」といった内容の授業を行っています。その中で、将来の夢は？と聞くと多くの学生は仕事を答えてくれます。IT企業に勤めたい。教員になりたい。ベンチャー社長になりたい。これは全て手段です。教員になって何を成し遂げたいのか？例えば、将来の日本を支える人財を一人でも多く育てたい。そういった夢を実現するための手段として教員を目指す。これが夢とそれを実現するための手段としての仕事です。同じ夢をもって異なる手段を取ってもよいのです。先ほどの夢を実現するために、企業の人事をやりたい。塾講師をやりたい。同じ夢でも実現手段としての仕事はさまざまです。就職活動を通じ、いろいろな仕事を見て、その上でそれらを手段と捉えたときの夢を探してもらいたいと思います。

失敗はない。すべて経験

　学生の皆さんから「田中さんは今までどんな失敗をしましたか？」と聞かれることがあります。私の答えはいつも同じです。「私は失敗したことないです。ただし、うまくいかなかったことはたくさんあります」私がもし失敗だと思うとすれば、今、元気なのに、お医者様から「あと30分くらいで死にますよ」と言われたら、やりたいことができないので、もう失敗と言わざるを得ないですよね(笑)。それ以外のことは別に失敗じゃないと思っています。私はうまくいかなかった経験をたくさん積んで欲しいと思っています。それが人の成長につながると思っているからです。就職活動の結果、希望の企業や職種に就けなくても問題ないです。今は転職だっていくらでもできるし、社会人生活は今までの学生までの人生の倍以上の時間がある

からです。

社会で活躍するために必要な力

　偏差値や学力は大事な要素ではあると思いますが、それが全てではないです。社会で活躍している人を見ていると、もっと大事な力があると気づきます。それは、非認知能力です。偏差値や学校の成績といった数字で表しやすい力は認知能力と言われています。非認知能力とは、例えば忍耐力や突破力がある人、チームワークがいい人、リーダーシップがある人など、このような力は数値化しにくいので判断することが難しい能力です。だからこそ私はこのような力こそ本当に大事にしたいと思っています。特にその中でも重要な力は「変化対応能力」だと思っています。自分が変わらなくても世の中はどんどん変化しています。変化を受容し、そして自らの行動も変えていく。そんな力が求められています。VUCA（Volatility、Uncertainty、Complexity、Ambiguity）の時代に安定というキーワードはもはやありません。刻々と変わる世の中の変化を受容し、そのうえで行動できる。これこそがこれからの社会で活躍するうえで最も重要な力だと思います。過去をリスペクトしながらも未来を見据えていく力。そういった力を持った一人でも多くの学生の皆さんが社会で活躍されることを期待しています。

プロフィール（たなか・たかし）

代表取締役社長　CEO兼CHRO
世界2位のコンピューターメーカーからキャリアをスタート。製造業専業のコンサルティング会社にキャリアを移し日本製造業の企業変革を支援。その後、製造業における変革だけでなく定着と価値創造を目指し2012年にYDCに入社。当時の親会社である横河電機の改革を実行。当時のコンサル会社では対応できない難題であった今でいうDXを顧客と一緒に実行し10年で大きな事業に成長させた。2023年3月CEOに就任。自分の強みを理解するとともに自分一人ではできないことも理解し、周りに敬意と感謝を忘れない。

自己の目標達成に向けて
個性豊かな魅力のある企業に挑戦しよう

NPO 法人 SDC 検証審査協会　会長　鈴木 宣二

自分自身を見つめ直し、将来設計を描く

　就活では、学生時代に学んできたことを実践する職場や職域を見つけることが大切である。そのためにはまず、自分が学生時代に習得した得意分野の技術や技能をどの業界や分野で活かすか、また自分には何が足りないのかをきちんと把握することが欠かせない。わかりやすく言えば目標を達成するための学業の棚卸しである。これには自分の人生設計を描くことが必要である。CDP（Career Development Program）という手法があるので、一度自身のライフプランを設計しておくとよい。これは、今後の環境変化に対応させ自身の能力開発の進歩によって、修正していくのに役立つ（図）。うまく利用すれば最終の目標達成にますます近づくことができる。では、良い企業を探すポイントは、どのようなものであろうか。

良い企業を探すポイント１
どのような経営理念をもっているか

　経営トップの経営理念が企業の文化にものす

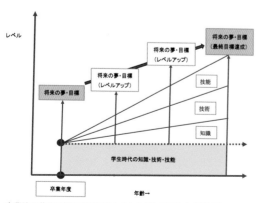

レベル

将来の夢・目標

将来の夢・目標
（レベルアップ）

将来の夢・目標
（レベルアップ）

将来の夢・目標
（最終目標達成）

技能

技術

知識

学生時代の知識・技術・技能

卒業年度

年齢→

卒業時の夢や目標を実践するためには常に見直しと研鑽が必要

ごく影響する。大手企業は歴代のトップの考え方や創業者の考え方を大変尊重する。

　中小企業は、創業者の経営理念を尊重する場合もあるが、現社長のカラーを打ち出す場合もある。また中には、経営理念を設定していない中小企業もある。このため、経営理念を確認する必要がある。中には社会貢献第一とうたいながら目先の利益を追って利益最優先で突っ走る企業も存在する。

良い企業を探すポイント２
新しいことにチャレンジをしているか

　昔流行った言葉に企業30年説というものがある。つまり一つの事業の寿命は30年が限界というものである。

　最近はITやAIの時代になり企業の寿命はさらに短くなってきたという感がある。つまり新たな事業の創業期・成長期・成熟期・衰退期のサイクルが速くなってきたのである。

　これは、経営者や企業風土によるものが影響し、トップが危機意識をもっていないために起こることではないだろうか。常に新しいことにチャレンジしているか、昔の習慣を漫然と継続していないかどうかをチェックしておこう。例えば他社に比べて常に差別化を図っている企業と変化を求めない企業の差は歴然で、ゆでガエル状態で気がついたときには既に遅しである。

企業を探すポイント３
従業員を大切にしている企業かどうか

　情報を集めて検討を尽くして入社したものの、2〜3カ月後、入社前のイメージと実態が

全く異なっていたということもある。CS（顧客満足）という言葉は理解していると思われるが、読者の皆さんはESという言葉を知っているであろうか。ESとは、Employee Satisfaction（従業員満足）である。実際に製品を作ったり、サービスを提供したりするのは従業員である。この従業員の満足度が低いと生産している製品や商品の品質に影響を与え、サービスも低下してしまうことが懸念される。このため最近は、ES向上に力を入れている企業が増えてきている。

例えば、浜松市でばねを製造・販売しているある企業では、年始に経営計画書を全従業員に配布している。この経営計画書は企業の理念や価値観を浸透させるためのビジョンや未来像を描いており全社員と共有している。長期の事業構想やその目的、事業の方向性やミッションの具現化および今期1年間の全社目標や部門目標、アクションプランなどを記載している。

そして、従業員に経営者の考え方を伝え、自由に意見を言える企業風土となっている。

また、ばね製造業の傍らばねのネット販売にも20年以上前から取り組んでいる。ネット販売の先駆けである。顧客がばねの必要寸法を入力して注文すると、1個からでも生産し、超短納期で送付してくれる。世界最速工場を目指しており、医療関係のばねも手がけている。従業員が生き生きとしている。

清水市に本社を構えているある総合商社の社長は、中小企業診断士の資格も取得している。先代は水産業でマグロの餌や船舶の燃料、船員の食料などを供給してきた。

別会社でうなぎを販売している企業が、産地偽装をしてしまった。総合商社の社員はこのトラブル処理のために乗り込み2年間で会社を立て直した。この実績などで、本社の後継者として白羽の矢が立った。

社長は女性の視点で、従業員とのきめ細かなコミュニケーションを図り、増収増益を続けている。前述のうなぎの事業も本社に統合し、稼ぎ頭となっている。社長自身が1on1（ワンオンワン）ミーティングを実施して従業員の声を聞いて、施策に活かしている。

経営環境が変化しても、全社で利益が出ればよいという考えで、多角化を推進し、企業の体質の改善に成功している。また、人を育て、地域に活力を与える活動も展開している。

魅力的な企業とは
中小企業も面白い企業がたくさんある

就職と言えば、どうしても大企業に目が奪われてしまう。大企業のメリットは、安定的であり、職務が細分化されていることにある。I型人材のように技術・技能を深堀したい方は、適職かもしれない。

逆に中小企業は従業員が少ないので、マルチタスク的な仕事が多い。例えば設計で入社しても試作加工では自分で加工し組み立てることが求められるかもしれない。さらには、マネジメントのような仕事もこなさなければならないかもしれないが、経営的な判断も早いので、実力を発揮したい方には最適であろう。

すべて挑戦である

これから社会に出る方は失敗を恐れず果敢に攻めてほしい。また、失敗を経験しても、都度軌道修正していけば、いつか自らの目標を達成できる日が来るであろう。

プロフィール（すずき・せんじ）

ヤマハ（株）およびヤマハファインテック（株）で長年生産技術分野に携わる。現在、NPO法人SDC検証審査協会会長、静岡県中小企業診断士協会会長、よろず支援拠点コーディネーター。技術士（経営工学）、中小企業診断士、特定社会保険労務士。月刊雑誌「工場管理」（日刊工業新聞社発行）などで多数の執筆実績がある。

自由奔放なキャリアのカタチ

しぶちょー技術研究所　谷津 祐哉

組合せのパワー

「アイデアとは、異質なモノ同士の組合せである」これは、とある有名なSF作家の言葉である。この言葉が示す通り、新しい価値とは既存のモノの組合せからできている。我々が日々の生活で触れるあらゆる“新製品”も例に漏れず、「今までにない、まったく新しい」とうたいながらも要素を分解していけば既存のモノの組合せから成る。それがダメだと言いたいわけではなく、それほどまでに“組合せのパワー”は凄まじいということだ。いかに異質なモノ同士を結合させて、時代に合った新しい付加価値を素早く生み出せるか、それが変化の激しい今の時代を生き抜く各企業の課題ともいえる。

そんな“組合せ”の力は、我々のキャリアの形にまで影響を及ぼしつつある。人材の基本的な型としてはI型人材、一型人材というものがある。I型人材とは、縦棒が上下に伸びるイメージで、ある専門分野に特化した人材だ。一方で一型人材とはその真逆で、棒が横に伸びるイメージでさまざまな分野に広く精通している人材である。さらにはI型と一型を足したT型人材もあり、これは専門分野に特化しつつ、広い分野についても精通している人材だ。しかし昨今では、さらに進化した人材の形が注目されている。それが「π型人材」である。これはπの字のように2本の足をもつ人材、つまり“2つの専門性”を持ち、それを自ら組み合わせることができる人材を指す。1人でも独創的な発想が可能で、さまざまな形で組織を牽引する存在である。

先行きの見えない時代だからこそ、次世代の担い手としてそういったπ型人材が強く求められている。つまり今の時代、自身のキャリアを描くとき、考えるべき専門性は1つではなく“2つ”なのである。

π型人材の強さ

この記事を読んでいる読者の皆さんがこれから自身のキャリア・専門性を磨いていく身であるということは重々承知だ。そんな皆さんに対していきなり「専門性は2つ持て」というのは酷な話であろう。まだ一つも決めてないのに…と不安になるかもしれないが、焦る必要はない。ステップバイステップ、時間をかけて一つずつ進んでいけばよい。まずは自身の軸となる専門を磨き、I型人材として成長する。その過程で、さまざまな分野も勉強し、T型人材へとなる。そして、新たな専門性を身につけ、π型人材を目指せばよい。かくいう著者も、現在、π型人材を目指して自己研鑽中である。軸とする専門分野は「機械設計」であるが2年ほど前に職種を変え、今はAIエンジニアとして勤務している。

筆者がπ型人材を目指すのには理由がある。端的に言えば、技術者として「自分にしかできないこと」が欲しかったからだ。一般的に、誰にでもできることは価値が低いとされる。そういう仕事はどうしても、価格勝負に陥りやすい。マーケティングの世界ではこういった現象を、コモディティ化というが、この現象は人材においても成り立つ。多くの人が同じスキルを持ち、人材市場において安く雇えることだけが

価値の"コモディティ人材"になるのは、キャリア形成においてもっとも避けるべき道である。逆に言えば、自分にしかできないことがあれば、人材市場において独壇場ともいえる。そのためにも、π型人材を目指すべきと考える。よほど優秀な研究者でない限り、新たな専門性を生み出すのは難しい。しかし、既存の専門性を組み合わせ、自身のオリジナルの専門性とする、これは可能なのだ。これこそが、キャリア形成におけるπ型人材の強さである。

計画的偶発性理論

　読者の皆さんはきっと、π型人材となるための2つの専門性はどう選ぶべきなのか、そういった疑問を持つだろう。著者から言える回答は一つ、"好きなものを自由に選ぶと良い"。これに尽きる。実は何を選ぶかはさして重要ではない。米国の心理学者クランボルツ氏の調査によると「キャリアの8割は偶然の出来事で決まる」という結果がでている。これは、ビジネスに成功した人のキャリアを調査した結果で、キャリアのターニングポイントの8割は、本人が予想しない偶然の出来事によるものだったというもの。つまりは、キャリア形成とは"運"ということだ。身も蓋もない話だが、これは紛れもない事実である。じゃあ、我々にはどうすることもできないのかと言えば、そうではない。そこで提唱されているのが「計画的偶発性理論」というキャリア理論である。ざっくり説明すると、偶然がキャリアを左右するならば、自ら偶然を引き寄せるべく行動せよ、という考え方である。偶然を味方にするためには、好奇心（新しいことに興味を持ち続ける）、持続性（失敗してもあきらめずに努力する）、楽観性（何事もポジティブに考える）、柔軟性（こだわらず柔軟に考える）、冒険心（何事にも果敢に挑戦する）といった5つの特性が大切で、前向きにチャレンジする姿勢こそ、キャリア形成にとって重要なのだ。

　さらにこの理論が面白い点は、明確なキャリアのゴールを立てなくても良いと言っている点である。10年後どうなっていたいか…これはキャリアセミナーでよく聞かれる質問だが、ここで明確なビジョンを打ち出せる人は少ない。多くの人にとって、それはその場しのぎの回答になる。であれば、最初からゴールは決めずに、現在に焦点を置いて、できることには何でもチャレンジし、根こそぎチャンスをつかんでいった方がよほど気持ちがいい。そういう考え方もあるのだ。

「面白い」と感じることに正直に

　私はさまざまなことに手を付けるのが好きで、企業に勤める傍ら、自身で技術ブログの執筆やPodcastでのラジオ配信なども行っている。今回、このコラムの執筆も、元を辿れば自身で始めた技術ブログがきっかけである。これがまさに計画的偶発性理論の一端であると感じている。

　人生100年時代。そんなに長い人生であれば、いろんなことができた方が面白いだろう。専門性やキャリアを1つに絞る必要はなく、2つ、3つと取れるものはどんどん取って広げていけばいい。社会のため、世界のため…働く上ではさまざまな大義名分があるが、結局は自分が「面白そう」と感じることの中から選択していけば良いのだ。

プロフィール（やつ・ゆうや）

1989年静岡県出身。技術士（機械部門）。工作機械メーカーに勤める現役の技術者。機械設計担当として5軸マシニングセンタの新製品開発に10年従事。現在はAI・IoTを用いた新機能開発を担当している。技術ブログ「しぶちょー技術研究所」を運営しており、モノづくりに関する幅広い技術記事を執筆中。誰でも気軽に読めるわかりやすさで人気。Xでも毎日、モノづくり技術に関する情報発信をしており、現在のフォロワーは18,000人以上。

15

スキルを活かす！

スキルを活かす！

2025年版

理工系×企業

ジョブマッチング

日刊工業新聞特別取材班 編

会社レポート

■機械・ロボット・自動車

■電機・電子・計測

■建築・建設・土木

■ITソリューション

■インフラ

■化学・素材

■医療・医薬

株式会社 AIKI リオテック

合成繊維・炭素繊維関連を中心とする機械メーカー、空気加工機で世界シェア7割超
――世界に顧客を広げるグローバル企業

＼記者の目／
ここに注目 →

☑ 前例がない、唯一無二の機械づくりを実践
☑ 若手が発言しやすい、仕事を任せてもらえる

AIKIリオテックは合成繊維の加工を中心とする繊維機械を設計、製作し、アジア、欧米など各国に顧客を持つ。ナイロン、ポリエステルなど合成繊維に圧縮空気や熱を加えて、さまざまな風合いの糸を製造する空気加工機では世界シェア7割を超える。ニッチ分野で高い世界シェアを持つ中堅・中小企業を選定する経済産業省「グローバルニッチトップ企業100社」に選ばれるなど「AIKIブランド」に対する世界市場での評価、信頼は高い。世界トップレベルの技術力に注目した大学、企業などから樹脂材料の試験、研究に用いる試作装置製作の依頼も多く寄せられ、先進の材料研究に貢献している。

主力製品の空気加工機は1980年代に国内メーカーとして初めて製品化した。海外進出を始めた90年代に各国から引き合いが増加。機械メーカーとしての地位とAIKIブランドを確立した。ATYとよばれる空気加工機で作る糸の世界標準化にも貢献した。

また、繊維生産技術を転用し炭素繊維製造ライン設備や炭素繊維を使用したプリプレグシート製造装置を開発。日本のロケット開発製造にも寄与している。

代表取締役
松本 一さん

技術で日本を強くしたい

松本一社長は「日本の（先端材料関連の）技術者を助け、技術の発展に貢献したい」とモノづくりに対する思いを表現する。試験、研究向けとして試作装置を手がけるのも「技術で日本を強くしたい」という気持ちの表れだ。

研究開発用途を意識した試作装置「パイロットマシンシリーズ」は超小型単軸押出機、インフレーション成形ユニット、Tダイ式フィルム成形ユニットなどをラインアップする。大学や企業の研究者、開発者と直に話しながらニーズを把握し、課題解決に向けて顧客と気持ちを一つにして作り上げた製品群だ。

例えば、機能性樹脂材料の研究開発に適した2軸混錬ペレット製造試験装置は、少量の材料でリサイクル樹脂の最適配合などの試作ができる。技術革新の加速に伴い、多種多様な材料が求められる中、同社の技術力に注目し、試作装置の開発領域は繊維関連にとどまらず、食品、環境、航空宇宙などにも広がっている。

前例がない、唯一無二の機械、装置の開発に取り組むケースも少なくないため、開発、製造など各工程の担当者は、自主的に課題を見つけ、深掘りする姿勢が大切だ。理工系学生に対する印象として、松本社長は「実験の方法をよく知っており、理論的に物事を考えることができる」と期待する。

技術、製造、営業が連携しながら全員参加で顧客の要望に応える機械、装置を作り込む。そのため、各工程の担当者は営業から開発、部品加工、設置、メンテナンスまでの一連の工程に幅広く携われることが特徴だ。先輩社員との関わりの中か

世界シェア7割を超える空気加工機

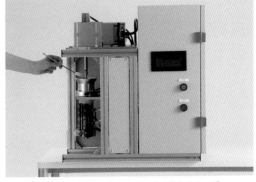

研究開発用途として展開する「パイロットマシンシリーズ」

ら学べることも多く、若手社員から〝発言しやすい〟〝仕事を任せてもらえる〟という声が聞かれる。松本社長は「自ら学ぼうという意欲を存分に発揮してほしい」と話す。

チャレンジすることを恐れずに

製造部
角田 誠二さん（2018年入社）

NC旋盤、マシニングセンタのオペレーターとしてプログラム作成、段取り、加工を担当しています。MCは興味があったことから、入社後にプログラミングを勉強して習得しました。昨年、機械加工の技能検定「特級」に合格することができました。職場の後輩の指導にも当たっており、技能検定合格を目指して共にがんばっています。少しでも興味を持てそうなことがあれば、チャレンジすることを恐れずに、一歩踏み出してみることが大切だと思います。

学べる機会が多く強みに

製造部
浅見 華凜さん（2021年入社）

機械組み立てグループに所属しています。客先に出向いて機械を据え付ける業務が中心ですが、お客さまに作業指導を行うこともあります。当社の繊維機械は大型のものが多いですが、小型なら自分が中心になって作業することが増えてきました。設計から加工、据え付けまで幅広く関わることができ、設計や電気など自分の担当業務以外のことを学べる機会が多いことは強みになると思います。今は製図、CADの勉強を始めています。将来は海外出張も経験してみたいですね。

会社DATA		
所在地	愛知県稲沢市井之口小番戸町39	
創業	1976年4月	
代表者	代表取締役社長　松本 一	
資本金	3000万円	
従業員数	60人	
事業内容	合成繊維・炭素繊維用機械及び研究開発向け試作装置の設計、製造、販売	
URL	http://www.aiki-japan.com/	

株式会社岐阜多田精機

自動車用樹脂金型で最高の技術力
──製造技術を売る射出成形エンジニアリング会社

\記者の目/
ここに注目

- ☑ 新車開発に参加し主要部品メーカーの困りごとに対応
- ☑ 金型以外にも事業展開し、やりたいことがやれる会社

「当社では新しいクルマづくりに参加できる」と多田憲生社長は強調する。岐阜多田精機は自動車などのプラスチック部品用の金型が主力だ。意匠性の高い内装品やシフトレバー、高耐久性の重要保安部品などの難易度の高い金型を得意とする。もし金型が作れなければ新規部品は量産できない。軽量化や高機能化のため樹脂部品の用途が広がりを見せる中、トヨタ自動車グループの主要部品メーカーなどから、他社ではできない"難題"の相談が持ち込まれる。同社の技術は樹脂金型業界で目指すべき規準と目されている。

社是は「善と豊かさの循環」だ。金型で部品の品質や生産性が決まってしまう。同社は顧客の困りごとに真摯に向き合い、技術を蓄積してきた。そして顧客が巨大企業であっても対等に向き合い、正当な対価を得る。

金型のプロフェッショナル

そのため設計者は、部品の形状や用途、材質、成形条件など、さまざまな要素を考え、知見をフル動員して全体最適を提案する。「受注からテストまで1、2カ月。自分の仕事の良し悪しが成形品の出来ですぐわかるのが金型づくりの面白さ」（多田社長）だ。加工工程では、工作機械のプログラミングと加工の担当を分ける同業他社が多い中、同社は1人がすべてを担当。全社員に「金型のプロフェッショナル」であることを求める。

多田社長はプラスチックの未来を「さらに可能性が広がる」と考えている。同社は、新たな素材や用途に対応し、次世代の自動車に加え、航空宇宙や医療、ITなど多彩な先端分野に金型を提供する。ハイエンド分野を中心に、日本製の樹脂金型の機能、品質は世界最高級。「地球環境のため今後はムダな生産はどんな国でも許されない。日本のていねいな金型づくりは世界でさらに評価される」と多田社長は説く。愛知県大府市、福岡県筑前町に加え、中国とインドにもグループの会社があり、活躍の場は世界に広がっている。

新技術の導入にも意欲的だ。3次元CAD/CAM/CAEや3Dプリンター、鮮明な微細加工ができるレーザーアブレーションなども業界に先駆けて導入してきた。注目を集めるIoT（モノのインターネット）も活用。金型の内部に温度や圧力のセンサを設けて成形時の状態を"見える化"し成形を高度化する「スマート金型」も自社で開発し実用化した。

主体性や学び続ける姿勢を評価

研究開発の対象は金型づくりにとどまらない。樹脂材料も研究。金型内で成形しながら塗装ができる特殊技術の事業化にも挑む。成形品の自動搬送装置も自社開発した。「金型ではなく製造技術を売る」と多田社長。「プラスチック射出成形エンジニア」として顧客にソリューション（課題解決）を提案する。情熱の対象は産業用途以外にも広がり、過去には3Dプリンターで鉄道模型製作を事業化した。地元の特別支援学校との交流を

代表取締役社長
多田 憲生さん

意匠性の高いシフトレバー

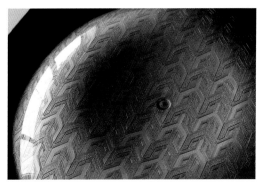
金型の微細な凹凸形状を成形品にクリアに転写できる

きっかけに、まっすぐ座り続けることが難しい子のための補助いす「サポートチェア・スマイル」も開発、同校に寄贈し発売もした。現在は再生可能エネルギー向けとして安全性の高い定置型蓄電池「バナジウムレドックスフロー電池」も開発中だ。

同社は金型技術を軸に、今後は多彩な事業を展開していく。「やりたいことができる会社」（同）であり、「こんなことがやりたい、こんな人になりたいと考えている人」（同）を求めている。技術系はもちろん、デザイン系などの人材も募集。社員の主体性や学び続ける姿勢を評価しており、本人の希望に沿って入社5年目で管理職に抜擢した例もある。また働きやすさにも配慮。本社2階にはトレーニングジム、絵本100冊や遊具がある託児スペースがあり、休日も従業員に開放する。IT技術などを活用し仕事の効率化も推進。「楽しい会社」（同）を目指している。

理系出身の若手社員に聞く

設計・ITツール導入・設備開発に活躍

営業技術部 設計
山本 夏生さん
（2019年入社）

大学は工学部機械工学科で開発志望でした。率直に話す社長に惹かれ「やりたいことができる」と思い入社しました。従事する金型の設計は、考えたことがそのまま形になるのが面白い。仕事の進め方を自分で決められるのも良い点で、昨年は有給休暇をすべて消化しました。

入社2年目から人工知能（AI）スケジューラーの全社導入をベテランと2人で主導しています。やりたいことができ、成形品の自動搬送装置も開発しました。将来は自分のアイデアで新規事業も立ち上げてみたいです。

会社DATA		
所在地	岐阜県岐阜市東改田字鶴田93	
創業	1964年（昭39）10月	
代表者	代表取締役社長　多田 憲生	
資本金	5500万円	
従業員数	92人	
事業内容	自動車部品・住宅設備・弱電機器などの金型設計・製作	
URL	http://www.tada.co.jp/recruit/	

芝浦機械株式会社

多彩な製品群を有する産業機械メーカー
──デジタル技術の開発を進め次世代のモノづくりを目指す

\記者の目/
ここに注目 →
☑ 創業80年以上の長い歴史で培った高い技術力
☑ やりがいを感じられる責任のある仕事に早い時期から携われる

製造現場で用いられる多種多様な機械を広く世の中に供給する産業機械メーカーの芝浦機械。1938年の創業当時は工作機械メーカーとしてスタートしたが、大型で加工精度の高い工作機械を製造する中で培った高度な技術やノウハウを活かし、現在では射出成形機やダイカストマシン、押出成形機、超精密加工機、産業用ロボットなど、実に多くの産業機械を手がける。1つの企業がこれほど多彩な製品ラインアップを揃える例は珍しく、国内に数多ある産業機械メーカーの中でも独自の地位を築いている。R&Dセンター長兼R&Dセンター研究開発部長の小久保光典常務執行役員は、同社が手がける製品の特徴として、「工作機械を例にあげてみても、大型・特殊・超精密と、汎用的でないものでも積極的に手がけているのが当社の強み」と話すほか、射出成形機は「高い精度が求められる工作機械の製造技術を持つ企業がつくる射出成形機」として、「専業メーカーに比べて市場の信頼性は高い」と胸を張る。

3つのカンパニーと2つのセンター

同社は経営の効率化や収益性の向上を図るために、2020年から組織形態をカンパニー制へ移行した。「成形機カンパニー」、「工作機カンパニー」、「制御機械カンパニー」の3カンパニーと

し、各カンパニーを横断的に支える組織としてR&Dセンターと生産センターも創設している。

小久保常務がセンター長を務めるR&Dセンターは、同社が行う研究開発の中でも難易度が高いもの、開発リスクを伴うもの、研究が長期にわたるものなどを担う研究開発の中枢と言える。特に力を入れているのは、各カンパニーでの新機種開発などに寄与する基盤技術の研究だ。基盤技術としての現在のメインテーマは、AIやIoT、XRなどのデジタル技術。特に同社では、実際にモノを製造する前の設計段階でデジタル上の検証を行い、初期段階で製品の完成度を高めていく「モデルベースデザイン（MBD）」を推進している。さらにその先には、設計から製造、保守、管理まで同社のモノづくりのあらゆる工程のシミュレーションをバーチャル空間で実行する「Virtual Lab.」の実現を目標に掲げる。最先端の技術を追求する研究意欲は非常に旺盛だ。そのため、機械メーカーではあるが、「ソフトウェア系の人材の出番は非常に多い」と小久保常務は強調する。

人材の成長スピードは非常に早い

多彩な製品群を有する産業機械メーカーであるため、事業の裾野は同規模の企業と比べてもかなり広い。各事業部門は少数精鋭で動いていることから、若手でも責任のある、やりがいを感じられる仕事に早い段階から携われる。「大企業ではあまり味わえない経験かもしれません」（小久保常務）。その中で自らの専門性を磨くケースもあれば、希望や適性に応じてカンパニー間を行き来して多様な仕事を経験するといったケースもあり、「社員の成長スピードは非常に早いと自負してい

常務執行役員
R&D センター長
兼 R&D センター
研究開発部長
小久保 光典さん

ます」(小久保常務)。教育制度も充実しており、会社が大学と連携し、社員として働きながら大学院の学生として博士号取得を目指せる「社会人ドクター」の実績もあり、今後も推奨していく方針だ。

学生に求めるのは「使う立場」から「つくる立場」への視点の転換。「学生のうちはユーザーとして製品を見る機会が圧倒的に多い。しかし、モノづくりの現場で求められるのはつくる側の視点。早くからそうした視点をもち、その中で自分に何ができるのかを考えてほしい」(小久保常務)。

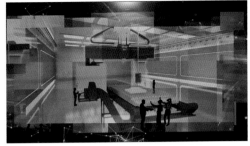

Virtual Lab.(これはイメージで、実際の生産現場ではありません。)

100年企業を目前にさらなる発展を目指す中、同社が理工系学生に向ける期待は非常に大きい。

若手社員に聞く

新たなAIの開発で熟練技術の継承に挑む

R&Dセンター 研究開発部
デジタルツイン開発課
星谷 拓さん(2019年入社)

製造現場で役立つAIの開発を担当しています。工作機械の加工状態の判別を行うAIや、熟練作業者の感覚の部分をAIに落とし込む取組みに携わってきました。製品ラインアップの広さを知り、日本および世界の産業を力強く支える会社であると実感したのが入社のきっかけ。人手不足や熟練者の引退で「これまで現場でできていたことができなくなっていく危機」を感じていますが、新たなAIの開発によってこうした課題の解決に挑めていることに、日々面白さを感じながら仕事しています。

先輩の助けで成長できたことがやりがいに

R&Dセンター 研究開発部
第二開発課
小川 美優さん(2020年入社)

設計段階で製品の問題を発見するために、コンピュータ上でさまざまなシミュレーションを行うCAE解析の業務に携わっています。多彩なモノづくりに関われることを魅力に感じて入社を決めました。当初はわからないことばかりでしたが、先輩の手厚い助けを受けながら解析業務を学んでいくうちに、解析の結果に対して自分なりの解釈をして設計上の問題に具体的な提案を行えるようになり、実際にその問題を解決することができた時が仕事のやりがいや楽しさを感じる瞬間です。

会社DATA

所在地	(本社)東京都千代田区内幸町2-2-2 (R&Dセンター(相模工場))神奈川県座間市ひばりが丘4-29-1
設立	1949年3月(創業1938年12月)
代表者	代表取締役社長　坂元 繁友
資本金	124億8千4百万円
従業員数	連結3047人、単独1693人
事業内容	射出成形機、ダイカストマシン、押出成形機、工作機械、超精密加工機、微細転写装置、高精度光学ガラス素子成形装置、産業用ロボット、電子制御装置、鋳物などの製造・販売及びレトロフィット・アフターサービス等
URL	https://www.shibaura-machine.co.jp

株式会社スギヤマメカレトロ

あらゆる工作機械を修理・改造
──機能や制御装置の追加・置き換えで価値高める

\記者の目/
ここに注目 →

- ☑ 機種やメーカーを問わず図面なしで対応
- ☑ 基本技術から職人技まで時間をかけ社内で教育

　金属を切削・研削する工作機械は「マザーマシン」と呼ばれ、ありとあらゆる工業製品の部品や金型・治具などの生産材を生み出す。スギヤマメカレトロはその工作機械の修理（オーバーホール）や改造を主力とする。「同規模の同業他社はない」（浅野博幸社長）という国内トップ企業で、産業界の中でもユニークな存在だ。長年の経験から個々の機械の特徴を把握し、図面なしで機種やメーカーを問わず対応する。オーバーホールでは構成部品をすべて分解して点検・整備し、組み立て直して新品の性能に戻す。あるいは部品を加工し直すなどし、修理以前に比べて性能を高めることもできる。改造では顧客先の生産現場により適するよう機能を高める。「名機を蘇らせるのが私たちの仕事」と浅野社長は話す。

　中でも得意とするのが自動車や工作機械の軸受（ベアリング）を仕上げる研削盤だ。軸受は搭載先の製品の性能を大きく左右する重要部品である。大手軸受メーカー各社から修理や改造を任されるのは、スギヤマメカレトロの技術力の高さの証しだ。

　修理・改造以外に、最新のコンピュータ数値制御（CNC）装置を搭載して旧型機や汎用機を再生する「レトロフィット」、CNC装置を別のメーカー製に載せ替える「リプレース」も手がける。

　また専用機も生産し、航空機用などの自動リベットカシメ機（オートマチックリベッター）、鉄道の車輪を修正加工する旋盤などを提供する。

技術系がユーザーの現場に密着

　図面なしでありとあらゆる機械に向き合うには、機械や加工についての幅広い知識と創意工夫が欠かせない。学校で専門の教育を受けた人材でなければ同社ぐでは活躍できないと思われがちだ。しかし「当社には技術者を一から育てられる伝統がある」と浅野社長は説く。実際、24年4月予定の大学卒新入社員3人のうち1人は文系出身だ。基本技術から、重要部品の表面を超精密に手作業で仕上げる「キサゲ」などの職人技まで教育し、簡単な機械でも任せるまでに最低3年から5年と十分に時間をかける。「モノづくりを面白いと思う気持ちが大切」と浅野社長は話す。

　一般の機械メーカーとは異なり、修理担当や機械・電気の設計者も事務所や工場に籠もりきることはない。顧客の困りごとを直接聞き出すため、顧客先に頻繁に出向き、現場に密着する。近年は海外への納入も増え、海外出張のチャンスも多い。そんな同社が求めるのは「責任を持って仕事を面白がれる人」（同）。顧客とのやりとりで信頼関係を築いていくことも大切で「専門知識もさることながら、元気がいい人、人ときちっと話せる人がいい」と浅野社長。一方で「無口だがコツコツ仕事に打ち込めるという人も戦力」（同）。「仕事はチームでする。いろいろな個性が必要」（同）と説く。

代表取締役
浅野 博幸さん

機種やメーカーを問わずあらゆる工作機械を修理・改造する

工場はオーバーホールでは国内最大級

社員が働きやすい職場作り

給与水準は「岐阜県内の機械・金属加工の業界水準より高め」(同)という。意欲を引き出すため、同一労働同一賃金を実践。役職登用は実績と実力を重視し、30代の課長もいる。また高品質や納期を守り顧客を満足させる仕事には、個々の社員に受注案件ごとに報奨金も出す。資格取得や技術・技能向上の研修費も会社が全額負担する。やる気があれば75歳まで再雇用を延長する。一方、子育て支援を含め働きやすい職場作りを進め、「子育てサポート企業」として、くるみんマーク認定(厚生労働大臣認定)も取得した。

モノづくりの世界では、電気自動車(EV)化やデジタル変革(DX)などの大変革が起きている。「修理・改造も特殊専用機もチャンスがある。そのため研究開発をさらに強化し、他社にはない独自の要素技術を育む」と浅野社長。デジタル技術の活用やロボットとの連携などの取り組みも強化し、さらなる成長を目指す。

理系出身の若手社員に聞く

効率よく仕事をし、教えられる人に早くなりたい

製造部1課
波照間 永俊さん
(2023入社)

モノづくりに興味があり、ビデオで見た職人技のキサゲに惹かれました。量産ではなく、扱う機械が毎回違う当社の方が、自分の工夫を生かせると考えました。現在は研修を終え、機械の分解や部品の洗浄をやらせてもらいながら仕事を覚えています。常に次の仕事の段取りまで考えて動くよう心がけています。上司や先輩が面白く良い人たちで毎日が楽しいです。残業や休日出勤は少なく、休日は友人とお酒を飲んでいます。効率的に仕事をこなし後輩に教えられる人に早くなりたいです。

会社DATA		
所在地	岐阜県本巣市数屋1053-12	
設立	1959年3月	
代表者名	代表取締役　浅野 博幸	
資本金	2250万円	
従業員数	110人	
事業内容	工作機械・産業機械の修理、改造、レトロフィット、リプレース 各種専用機の開発、設計、製造、販売	
URL	https://sugi-mecha.co.jp	

高雄工業株式会社

ハブベアリング生産で世界トップシェア

──総合機械部品メーカーの技術、ノウハウを多様なフィールドで発展

＼記者の目／
ここに注目

☑ 金属3Dプリンターを駆使し最先端のモノづくりを実践
☑ 一人ひとりの挑戦を支える職場環境

高雄工業は自動車、産業機械、精密機械の部品を生産する金属加工メーカー。飛躍の礎となった自動車向けの駆動部品であるハブベアリングの生産量は、世界トップシェアを誇る。米国、タイなどに生産拠点を持ち、技術力に対する顧客からの信頼は厚い。柔軟な発想で新しいモノづくりの発信を続けてきたチャレンジ精神は、創業以来変わらず、今に受け継がれている。そして、次代に向けた一歩として、これまでに培った経験、技術を生かし、新しい技術の開発、発信を担うグループ会社を2021年に設立。金属3Dプリンターを活用した高周波コイルの造形など新しいモノづくりにチャレンジを続けている。

等速ジョイント、ハブベアリングなど駆動部品を主力に生産し、旋削加工、研磨加工、熱処理加工と組立工程の一貫体制で培った豊富な経験、知識が強みだ。切削、研磨、熱処理など加工技術に磨きをかけ、開発力や生産技術力として昇華、成長してきた会社の歴史を振り返り、下村豊社長は「人と技術開発のつながりを大切にしてきた」と表現する。

グループ一体で新たな技術創造を推進

「新しいモノづくりにチャレンジ」を掲げて21年に設立したグループ会社「ティーケーエンジニ

代表取締役社長
下村 豊さん

アリング（TKE）」は、高雄工業グループの新しい技術開発の発信を担っている。下村社長は「社員一人ひとりが柔軟な発想で、柔軟性、スピードを持って、社会に新しいモノづくりを提供できるよう全力で取り組む」とグループ一体で技術創造を推進していく考えだ。新規分野に対しては、TKEが開発案件からの参入、顧客のニーズに応じた製品化に対応している。

設立3年目ながら、早くも事業として発展が期待できる成果を得ており、弾みが付いている。「一体造形誘導加熱コイル（AMコイル）」がそれで、熱処理シミュレーション（トポロジー最適化含む）と積層造形技術（AM）の融合という新しい手法を駆使。機械部品の焼き入れに使用する誘導加熱コイルを従来のロウ付け接合に比べて、安定して高性能に製作できる。熟練技能者が行っているロウ付け接合を金属3Dプリンターが担うことで、コストや作業負担の低減にもつながる。日本のモノづくりの競争力向上、発展に貢献するという評価を受けて「2023年〝超〟モノづくり部品大賞」の大賞を受賞した。

現在、AMコイル以外にも、工具や治具のほか、自動化に貢献するロボットを活用した搬送装置など次の候補となる開発を着々と進めている。高雄工業グループで培った技術や装置メーカーとしての技術、ノウハウをモノづくりの多様なフィールドで発展させていく考えだ。最先端技術に挑む社員を支えるための環境整備にも力を注いでいる。着実に実績を重ねているAMコイルでは増産、研究開発を促すため金属3Dプリンターを増設し、計4台体制とした。下村社長は「一人ひとりの挑戦を支えていく」奮起を期待する。

若手社員を中心に金属3Dプリンターを活用した先端技術を磨いている

金属積層造形（AM）製品の品質確保に欠かせないシミュレーション解析

総合機械部品メーカーとして成長してきた高雄工業を中核に、グループ企業が技術革新を加速し、モノづくりの可能性を追求する。「技術で世界を変える」という理想の実現に向けて、新たな挑戦の一歩を踏み出した。

設備開発事業部 設備企画部
佐藤 将矢さん（2019入社）

若手社員に聞く

新しいことにチャレンジできる職場環境

グループ企業のティーケーエンジニアリングで自動化、省力化装置の設計・製作を担当しています。想定外の課題に直面すると苦労もしますが、上司や先輩方からアドバイスをもらいながら解決した時は達成感とともに、成長を実感できます。入社前は自動化、省力化装置についての知識はありませんでしたが、自分で調べたり、上司や先輩方に聞いたりして知識を深めてきました。社内の明るい雰囲気や人間性を大切にすることが製品の品質を支えているのだと実感しています。

高周波事業部 高周波開発部
佐藤 弘基さん（2018入社）

新しい出会いを通じて経験、学びを深める

仕事を通じて、新しい出会いの機会に恵まれていると実感しています。取引先企業との関わりはもちろんのこと、全国各地で開かれる展示会に技術相談員として参加しています。現在はグループ企業のティーケーエンジニアリングに出向し、金属3Dプリンターの造形データ作成とオペレーションを担当しています。この装置の取り扱いができる社員はまだ少なく、後輩に3Dプリンターの取り扱いについての指導も行っています。今後は教育マニュアルの作成にもチャレンジしていきたいです。

会社DATA

所在地	愛知県弥富市楠3-13-2
創業	1974年10月
代表者	代表取締役社長　下村 豊
資本金	9800万円
従業員数	（国内グループ）1100人
事業内容	自動車部品（等速ジョイント、ハブベアリングなど）および精密機械部品の製造
URL	https://www.takao-net.co.jp/

株式会社タダノ

脱炭素社会に向け「ONE TADANO」で地域と地球に貢献
——社員の個性や多様性を生かし最大限度のパフォーマンスを発揮

＼記者の目／
ここに注目 →

- ☑ フル電動クレーンなど環境配慮製品で業界をリード
- ☑ 自動制御によるクレーンの自動化や省人化などを研究

建設用クレーンで国内トップメーカーのタダノ。「世の中のお役に立つものを創りたい」との思いから建設用クレーン、車両搭載型のカーゴクレーン、高所作業車などの製品を世に送り出している。日本、ドイツ、米国に生産拠点を持つタダノグループは近年「ONE TADANO」をスローガンに掲げて、青い地球を守ることを使命に脱炭素の実現に貢献するため「Tadano Green Solutions」に注力している。日本が目指す2050年カーボンニュートラル（温室効果ガス排出量実質ゼロ）実現に向けた環境対応製品をいち早く市場投入し業界をリードする。

2023年12月には、世界初の25トンクラスのフル電動ラフテレーンクレーン（RT）の国内販売を始めた。1回の充電で最大11時間のクレーン作業、もしくは40キロメートルの距離を走行後に約5時間のクレーン作業を可能にする。北米市場では100トンクラスのRTの市場投入を予定している。洋上風力発電プロジェクトが各国で進む中、海外子会社で提供している世界最大級の3200トンのラチスブーム式クローラクレーンが使われており、脱炭素社会の実現に向け貢献している。

自発的に行動する集団

開発部門担当の合田洋之取締役執行役員常務は

取締役執行役員常務
合田 洋之さん

「未来の青い地球のため私たちはこれからも環境対応製品の開発に果敢に挑戦していく」と強調する。同社の開発やサービスなどの強みは明確だ。物事の創造の判断材料としてコンプライアンスを土台に、第一にセーフティー（安全）、第二にクオリティー（品質）への揺るぎない意識が根幹にある。

同社の理念を実現するためには『Want』、『Believe』、『Do』を実践することが重要な要素になる。こうすると決めたらそれを信じて絶対に解決する。「当社は人に言われるままのイエスマンではなく、自発的に行動する集団をつくる」と合田取締役は力説する。研究者、カスタマーサポート、営業など全ての職種に共通する。

一般に企業に入社後は大学での専攻を直接活かせるような仕事に就けないことが多い。このことは就活時点で研究・開発部門出身の人事担当者が学生に寄り添っていねいに説明する。たとえ専攻と異なる分野の仕事を担当することになったとしても、入社後に『Want』などの論理的思考力を身に付けていれば何でもしっかりやっていけるという。

ジョブチャレンジや社内FA制度を導入

同社は男女問わず、やる気や能力のある人が活躍できる会社を目指している。多様な社員が能力を発揮する社内環境を整備。これにより仕事の満足度が高い社員が増えると同時に女性の活躍も目立ち始めている。

男性社会のイメージが強いクレーン業界を変えようとする同社は、全社員に占める女性の割合を2026年度末までに10％に引き上げる考えだ。そ

2023年12月から国内販売する25トンクラスのフル電動ラフテレーンクレーン「EVOLT eGR―250N」

社内では部門を越えてのスポーツ交流イベントも開催

の中で例えば若手女性研究者の一人は「ジョブチャレンジ制度」に応募し、2023年から「欧州リサーチセンター」に赴任し、現在はドイツで生き生きと仕事をしている。同制度は社員に活躍の場を提供するものだが、もし選考に漏れてもしっかり応募者をフォローし、何度でも再チャレンジが可能だ。

2023年4月からは「社内FA（フリーエージェント）制度」を導入。プロ野球界のFA制度と同じイメージで人事異動の権利を本人が取得すると、現在所属の上司に相談しなくても希望の職場を表明

できる。一方、上司は誠実に部下に対応しなければ次々に部下が離れ管理能力が問われる。合田取締役は「社員はせっかく縁があり当社に入社した。会社は社員のベストパフォーマンスのため何ができるかを一番に考えている」と語る。

タダノグループは2024年度から新中期3カ年経営計画が始める。中身の一部は将来を担う全世界の若手従業員の声を反映したという。こうして社員一人ひとりが共通の目標を持って行動し世界に、未来に誇れる企業へと成長することを目指している。

理系出身の若手社員に聞く

電気系など幅広い分野の研究者の活躍の場がある

技術研究所 知覚創造ユニット
原田 美森さん
（2019年入社）

香川県外の大学で電気情報物理工学を学び、大学院進学も検討していましたが超伝導の研究が一段落し、地元企業で働きたいと思い就活に取り組みました。国内留学制度もあるタダノが真っ先に浮かびました。機械系の研究者が多い印象ですが制御・情報・電気系の人材も活躍しています。私は、研究所が数十年後を視野にクレーンの自動化や省人化の自動制御を研究するなか、入社以来知覚創造ユニットに所属しています。カメラやセンサを用いてクレーンの周囲環境を検知し、作業の安全性を追求するような研究を行っています。研究は長期にわたりますが、年4回開催され、社長や役員も出席する研究テーマの社内発表会では自身の成長を見せられたり、前向きな言葉をかけられたりするとモチベーションが上がります。

会社DATA

所在地	（本社）香川県高松市新田町甲34
	（技術研究所）香川県高松市林町2217-13
設立	1948年8月24日
代表者	代表取締役社長・CEO　氏家 俊明
資本金	130億2156万8461円
従業員数	（連結）4651人（2022年12月31日現在）
事業内容	建設用クレーン、車両搭載型クレーンおよび高所作業車等の製造販売
URL	https://www.tadano.co.jp/

ダイサン・株式会社

顧客の量産化をイチから支援
──幅広い業種で培った設計力を生かして提案

\記者の目/
ここに注目 ☑ ゼロからのモノづくりで幅広い知識と技術が身につく
☑ 社内にジムあり！全国で500位以内の健康経営！

　家電や自動車、医療業界まで幅広い業種の顧客を抱えるダイサン・（ドット）。顧客の要求に合わせた特殊用途向け製造ラインの設計・開発から製造、販売まで手がける。顧客とともに、生産プロセスをゼロから考え、機械や装置を設計、製作し自動化を実現する「ゼロイチ」で物を作る。しかし、完成した機械には、顧客の企業秘密が詰まっており、関係者以外には具体的な説明ができない。こうした仕事を任せてもらえるほどの信頼と実績、そしてどんな難題でも対応する実力を備えているのが、強みだ。

今後も拡大する自動化マーケット

　田中知克社長が「お客さんも（工場に来ると）びっくりする」と話すほど、さまざまな機械を扱う同社。サイズもさまざまで、小型機械は必要なボルトのねじ径が直径2ミリメートル。一方で、同30ミリメートルのボルトが必要な大型機械も手がける。劇的な労働人口の減少の中、生産現場の自動化は今後もあらゆる産業で需要増が見込める。中でも同社は、さまざまな業種に機械を提供してきただけに「時代が変化しても順応できる」（田中社長）とこれまで蓄積してきたノウハウに自信を示す。

　それだけに、入社後1年間は、技術部門だけで

代表取締役社長
執行役員
田中 知克さん

なく総務や営業も含めたすべての部署を経験する「ジョブローテーション」を実施する。1年を通してさまざまな業務を経験し、自分の興味があることや熱量を注げることを見つける「自分探し」をしてもらう。この制度は、自分の適性を見極めるだけでなく、「後工程を考えた仕事ができるようになる」、「すべての先輩社員に顔を覚えてもらう」といった仕事を円滑に進めるための重要な役割も果たしているという。

必要となる幅広い知識は自身の武器に

　同社の設計部署では、文系出身の女性社員が電気設計に従事する例もあり、挑戦する気持ちがあればスキルアップできる環境が整っている。受注する機械の大きさや用途はさまざまで、設計や製作に必要な技術・知識も多岐にわたる。さらに、海外の取引先も多く語学能力も必要となる。そのため、業務に必要なスキルや資格の取得支援だけでなく、資格手当という形で給与面でも後押しする。海外とのやりとりもあるため、学ぶことが多く大変だが、知識や技術はすべて自分の身に付く。「武器をたくさん手にしたい人にとっては、強くなれるフィールドだ」（同）と期待を寄せる。

　頭脳だけでなく、身体を鍛えられる仕組みも充実している。中小企業では珍しく、社内にジム設備が整えられ、パーソナルトレーナーも所属している。ジムではトレーニングのアドバイスを受けることができ、就業前、昼休み、終業後に汗を流す社員も多い。トレーニングのモチベーション維持のため、チームを組んで健康維持活動の目標を設定。みんなで協力して目標達成に取り組み、優秀なチームを表彰する仕組みも設けている。この

さまざまなトレーニングができる社内ジム

加工工場には門型マシニングセンターも完備する

結果、2023年には経済産業省と日本健康会議が認定する「健康経営優良法人2023」の中小規模法人部門で上位の「ブライト500」にも選ばれるほど、健康への意識も高まっている。

「ダイサン・（ドット）」という社名は、「どうしても1画増やしたかった」と言う社長の熱い思いと、Dをもじった帆船のロゴの「帆が『どっと』膨らむように」という気持ちが込められている。

「時代によって吹く風は変わる。フォローの風でなくとも、少しでも風があれば船は前に進んでいく」（同）と逆風にも負けず会社を強くしてきた。現在は、顧客の要望に応じて製作する製造ラインがメインだが、将来に向けて環境保全につながる自社ブランド製品の創出にも挑戦している。

理系出身の若手社員に聞く

顧客の企業秘密に関われるのが楽しい

技術部 機械技術課
木島 啓稀さん
（愛知工業大学 機械工学科卒
2020年入社）

技術部に所属し、納めた装置の改良や装置の設計を任せてもらっています。扱う装置は、求められる精度が同じでも、大きさが1メートルのものと、2メートルの製品を流すためのものなど多種多様です。また、一貫生産体制なので設計だけでなく取扱説明書の作成も担当します。

お客様の「企業秘密を扱う仕事」という部分が魅力です。ジョブローテーションですべての仕事を経験するので、次工程を考えながらの仕事ができ、他部署への仕事のお願いもしやすく働きやすいです。

会社DATA

所在地	愛知県小牧市間々原新田629-1
設立	1953年12月
代表者	代表取締役社長執行役員　田中 知克
資本金	1億円
従業員数	100人（2023年11月時点）
事業内容	特殊用途向け産業用生産機械の開発・設計・製造
URL	https://www.d-daisan.com/recruit/

株式会社ツガミ

高精度・高速で精密部品を生み出す
──欧米はもちろん中国やインドなどの海外でも大いに存在感を発揮

＼記者の目／
ここに注目 →

☑ 精密加工のプロから信頼が厚い独自の製品技術
☑ 活躍の場は世界

　日々の暮らしを快適で便利にしてきた時計やパソコン、スマートフォン（スマホ）などの精密機器。これらの高い機能性は、搭載されている精密部品が源泉であり、その精密部品を生み出しているのが、ツガミの工作機械だ。寸法や形状などミクロン単位の精度で加工するCNC自動旋盤やマシニングセンタ（MC）、研削盤の製品群を誇る。工場内のスペースの有効活用と使用時のエネルギー効率の高さが強みの小型工作機械の総合メーカーとして、民生品から産業分野まで、あらゆるモノづくりを支えている。

エンジニア志望者の理想的環境

　現代社会の生活に欠かせない各種情報通信機器に搭載される精密部品は、複雑な形状や厳格な幾何公差が要求されるため、機械精度が優れたコンピュータ数値制御（CNC）自動旋盤を使って生産される。ツガミはその主要メーカーの一角を担ってきた。精密電子部品を製造する国内大手メーカーから中小規模の部品加工現場まで、工作機械のユーザーに「高精度」「高速」「高剛性」で安定した品質の部品を量産できる価値を提供して

きた。国内の機械加工産業が成熟しつつある昨今は、ワールドワイドにビジネスを展開している。海外のユーザーにも寄り添い、日本発の技術を示して高い評価を受け、プレゼンスを高めている。

　日本や欧米向けの高精度で効率性を高めたハイエンドな製品の開発と製造を手がけながら、中国をはじめとした新興国の市場ニーズも確実に捉え、収益力を高めて手堅く事業を展開する。

多様な価値観に触れて成長を実感

　主力製品の1つであるCNC自動旋盤では、ガイドブッシュを使う加工とガイドブッシュを使わない高精度短尺部品の加工を容易に切替できるなど、独自の技術開発を手がけ、全世界で評価をされ、独自のポジションを獲得しているツガミ。その中核を担う技術者には国内に留まらず、海外でも力を発揮することを期待する。人材に求めるのは、習慣や文化が違う海外でも臆せず、顧客に献身的に寄り添い、モノづくりを支える意欲だ。採用時の面接では、志望者に海外で勤務する可能性があることを伝える。困難でも前向きに、やり切る覚悟、強い気持ち、たくましさを求める。学歴や経験は問わない。

　たとえば、20代の技術系職種の社員が営業技術担当者として海外に赴任し、現地のユーザー・ディーラーに対してサポートや提案を行うなど、若手が海外に赴任することはツガミでは珍しいことではない。

　実際に欧州のディーラー向けの営業を担当したことがある長岡工場技術三部第一グループ技師の阿部駿さんは、日本とは異なる価値観を知ったことで学んだことが多く、今も自身の財産になって

本格的なツールスピンドルを搭載した生産形複合加工機
SS20MH-Ⅲ-5AX

主軸移動型自動旋盤の生産ライン

長岡工場全景

いると明かす。

「マーケットが違えば、求められる機能と値段などの価値観はさまざまで、設計者として自分が"良い機械"と思って設計しても、ユーザーはもっと別な視点で考えて評価していることを知りました」と振り返る。

自分の知識や経験を活かした製品や技術の開発を志すエンジニア志望者は、専門性を高める努力に加え、異なる価値観や生い立ちを持つ人と一緒に共同で作業を進めたり、日本と異なる環境で働くことになった場合も乗りきる強い精神力を身に付けたりすることを日頃から意識して、取り組ん

でおくと将来、技術者としても成熟味が増すだろう。人としても大きく成長するチャンスになる。

製品技術や社会環境が変われば、ツガミが置かれる立場も変わる。それでも世の中ではこれからも省エネや効率化など、持続可能なことが重要視されるだろう。そうなると小型工作機械に期待されることが多くなる。そのときにツガミが選ばれるように、経営層も知恵を絞り、手堅く事業を展開しながら、社員が成長を感じられる舞台を用意する。会社の将来性、社員個人が実感できる手応えの両面で、ツガミは大きな可能性を秘めている。

理系出身の若手社員に聞く

多角的な視点で物事を考える

MCの開発・設計や海外営業を担当しました。現在は主に新製品開発や現行の機種の改良を手がけています。やりがいを感じ仕事をしています。海外のディーラーに製品の提案を行う業務を担当したことは今、非常に役立っています。価値観の違いを知り、多角的に物事を考える重要性を知ることができたからです。採用面接のときに「海外で働けますか」と聞かれたことが印象に残っています。学生時に海外経験はありませんでしたが、「はい！」と応えました。覚悟や度胸も評価してくれる会社です。

長岡工場 技術三部
第一グループ技師
阿部 駿さん
（2013年入社）

会社DATA		
所在地	東京都中央区日本橋富沢町12-20
設立	1937年3月
資本金	123億4500万円
従業員数	3120人（2023年9月30日現在）
事業内容	精密工作機械の製造および販売
URL	https://www.tsugami.co.jp/

テイ・エス テック株式会社

「座る」技術を追求したシート製品群を展開
──部門の垣根を越えて社員が交わり、知恵を結集

＼記者の目／
ここに注目

☑ 自動車・二輪車の安全・安心を支える製品をグローバルに供給

☑ 完成車メーカーに引けを取らない、最新の開発・製造設備を導入

常に先を見据えた研究開発

　二輪車用シートや四輪車用シート、ドアトリムなどの開発と設計、製造、販売を一貫して手がけるテイ・エス テック。四輪車向けでは、ホンダが世界で生産する自動車の約6割にシートを供給している。二輪車向けではホンダ、スズキ、ヤマハ、川崎重工業ら国内大手の全メーカーにシートを供給し、国内シェアのトップを誇る。ハーレーダビッドソンやフォルクスワーゲンなど海外メーカーの製品も手がけ、グローバルで事業を展開する部品サプライヤーだ。一方で、主力製品のシートで培ったノウハウをもとに、医療用チェアやさまざまな場面で使用されることを想定した「座る」に関する製品を提供し、顧客と事業分野を広げている。

　シートはユーザーが直接触れる製品であり、安全性やデザイン性、また快適性など妥協は許されない。開発から製造に至るさまざまな工程で、最新技術を積極的に導入してきたことが、国内外の大手メーカーから信頼を寄せられる同社の製品供給を可能にした。例えば、安全評価解析に関しては、2004年に「ダイナミックスレッド試験機」を日本で最初に導入。国内に2台、北米に1台を保有する。人体ダミーを使用して衝突時の衝撃を正確に再現し、このデータをシミュレーション解析（CAE）することで、より高度な安全性を追求する。製品の強度や座り心地、しわの発生といった素材特性、内装照明の光り方などもCAEを活用し、開発の精度向上と短期化に取り組んでいる。

　他にも、乗車時の揺れを忠実に再現する6軸加振機やモーターの稼働音質を正確に測定するための半音響室などを保有し、細部にわたるさまざまな項目を検証。外観品質や耐久性向上、軽量化を目指した素材研究も行い、常に「今を超える」“安全性と快適さ”を実現する製品開発を進めている。

　また、より安定した品質とより効率的な生産体制を実現するため、金型製作や自動化など、製造技術の開発にも積極的に取り組んでいる。製造技術を蓄積し、開発から量産に至るさまざまな工程でリードタイムの短縮を図っていることが、製品をより安く提供する同社の競争力の源泉になっている。

モノづくりを通じた人材育成

　テイ・エス テックは、研究・開発、営業、購買、品質管理など機能別組織制でありながら、製品開発やプロジェクトなどを部門横断で効率的に進める体制を敷く。最新の技術を積極的に導入し、高機能な製品の開発と効率の良い生産体制を構築するとともに、機能別組織と部門横断の良さを活かしながら会社の将来を担う人材育成にも戦略的に取り組んでいる。

　開発・技術本部長を務める鳥羽英二取締役は、「部門横断型で仕事を進めることにより、多様な考えに触れることができ、社内のネットワークも広がるなど、社員の成長につながっている」と説明する。さらには、社員それぞれの経歴や能力に

取締役 常務執行役員
開発・技術本部長
鳥羽 英二さん

次世代の車室空間を体験できるXR Cabin

ダイナミックスレッド試験機での試験前準備

応じた"学びと成長"を促すために、階層別研修や選抜研修などの制度に加え、OJTを通じた独自の仕組みでも社員のリーダシップや仕事への意欲を引き出している。

自動車業界は大変革期の真っただ中にあり、刻々と変化する市場のニーズに応え続けるためには、従来の考え方や方法に満足せず、新たな価値創造に向けた挑戦が必要となる。そして、課題や困難に遭遇したとしても、目標達成に向けて社員一人ひとりが考え、行動をし、粘り強く取り組む

ことが求められる。「研究・開発をはじめ、どんな仕事でも時にはうまくいかないことがある。そんな時、失敗自体を"悪"と捉えるのではなく、"成長機会"とすることが大切だと考えている。困難に対してどのようにアプローチして、成功へと導いていくか、その場しのぎではなく、本質を見抜ける社員を育てたい」と鳥羽取締役は語る。多様な人材とその良さを認め、背中を押すことで成長を実感できるように、マネジメント層も知恵を絞り続けている。

理系出身の若手社員に聞く

開発・技術本部
商品開発部 商品開発課
尾崎 拓也さん
（東洋大学大学院 総合情報学専攻
2019年入社）

成長機会を活用して価値の創造につなげる

モビリティ市場やライフスタイル、消費行動などの動向調査を参考に「こんな商品があったらいいな」という思いをカタチにしています。若手でもアイデアを積極的に提案し、新しいことに挑戦できる環境があり、試行錯誤の末に出来上がった成果物に対し、お客さまから「面白い！欲しい！」という声を聞けたときはやりがいを感じます。

さらに、展示会視察や有識者との意見交換など、スキルアップの機会が多々あり、それらの経験を基にさらなる価値の創造へとつなげています。

会社DATA		
所在地	埼玉県朝霞市栄町3-7-27	
設立	1960年12月	
代表者	代表取締役社長　保田 真成	
資本金	47億円	
従業員数	（単独）1710人、（連結）15171人	
事業内容	四輪車用シート、四輪車用内装品、二輪車用シート、二輪車用樹脂部品などの製造販売	
URL	https://www.tstech.co.jp/	

株式会社東海機械製作所

精密機械、大型機械を両立するモノづくり
──電子機器、半導体関連からシールド掘削機まで幅広い実績

☑ 地域産業に密着した事業に特化
☑ DXで仕事の進め方見直し

「規模は小さくても、手がける製品は精密かつ大物が当社の特徴」と近藤盛仁社長は胸を張る。東海機械製作所は昨年、会社設立70周年を迎えた愛知県の典型的なモノづくり会社。創業は終戦間もない頃。戦中、中国大陸で軍事部品の製作を行っていた近藤社長の祖父にあたる近藤正四氏が終戦とともに帰国。岡崎で紡績機などの修理業を創業した。「その後、愛知県の造船所向けに艤装品などを手がけたことが、当社の礎となる大物部品加工の技術力につながった」（近藤社長）。

さらに自動車部品製作用トランスファーマシンのベースを製作するにあたり、従来の溶接から機械加工までをする仕事を請負、1990年代に入ると電子部品実装機などの組立を手がけるようになり大型製品の製作から精密機械製品の技術力も蓄積した。紡織機、造船、自動車、実装機とこれまで社の歴史に刻まれた製品はいずれも愛知県を代表してきた産業だ。

モノづくり改革

現在、主力事業は電子部品実装機や半導体製造装置のベースの加工、組立のほか、シールド工法掘削機の各種大型ユニットの製作。電子部品実装機は中国とタイの子会社でベースの溶接を行い、日本へ輸出。本社で受け入れて組立、仕上げを行

う。子会社との分業で、BCPも考慮して最適な生産体制を整えている。掘削機の面盤は直径3メートルの小径モノから15メートル以上の大口径まであつかう。

溶接や機械加工などはかつて職人技をもったベテラン従業員が支えてきた仕事。現場は徒弟制度に近く、技能は伝承するものだった。その同社は近年、DX（デジタルトランスフォーメーション）によるモノづくり改革に着手している。デジタル技術を活用し、仕事の進め方を製造現場、間接部門で見直して進化させる取り組み。「かつて職人に頼っていた仕事を誰でも出来るようにすることが当社のDX」と近藤社長は狙いを明かす。

2023年度、同社は本社工場全域でWi-Fi環境を整えた。そして半導体製造装置の組立部署にタブレットを20台配布した。これまで紙だった作業指示書やチェック表などを電子化。さらに間接部門ではパソコンによる事務作業を自動化する「RPA」も導入。仕入れ先からの入荷確認や発注書などの作成業務を大幅に軽減した。また製造現場では品質確認の際に3次元データにより作成された製品図面と現場で完成した製品をAR技術を用いて精度確認している。「少しずつではあるが、確実に仕事は変わってきた。これを今後は全社に水平展開する」と近藤社長はDX化に手応えを感じている。

成長へ失敗を恐れない

同社はこれまで様々な分野の仕事を手がけてきた。「今後も大きく変わる可能性があるが、同時に成長の可能性も秘めているのが当社」（近藤社長）。DX化やAIの普及など社会情勢が変化する

代表取締役社長
近藤 盛仁さん

DXで効率高めた職場

得意の大物機械ベースの加工職場

中、求める人材は臨機応変に仕事に取り組む人材。「いろいろな現場を経験して成長につなげてもらいたい」（同）との思いから「好奇心旺盛、失敗を恐れない若者は大歓迎」という。

入社後2ヶ月間はビジネスマナーや社会人としての心得を習得するため研修を行う。その後、製造現場に配属されて研鑽をかさねることに。溶接やクレーン、フォークリフトの資格取得も後押しする。現場では向き、不向きを見ながら育成し、話し合いの中で配置転換も可能。「配置転換後の成長に目を見張ることもある」と近藤社長は複数の職場経験を推奨する。指導する側は30代の中堅社員が中心。「家庭では育児している社員もいて、若手を教えるのにちょうどいい世代」（同）。指導者、管理者にはハラスメント研修も実践して、コミュニケーションも学ばせている。

「何事にも失敗はつきもの。くよくよしないでチャレンジする若者の気持ちを大事にしたい」と近藤社長は言う。視線の先には2047年の創業100周年がある。

理系出身の若手社員に聞く

職場を回す喜び

ハイテック電子部 主任
瀬脇 鉄馬さん
（2013年入社）

「高校三年生の時に当社で職場体験したことが入社のきっかけです。わずか1週間でしたが職場では大きな声で挨拶されたのが印象的でした。入社後は溶接、組み付け、取引先への出向などを経て、今の実装機のベース組立に配属されました。現在、手順書を作り替えたり、品質チェックしたりして職場を回して、皆をサポートする立場になり、一層やり甲斐を感じています。新入社員には作業の理由や仕事の意味を理解してもらいたいと思っています。若者が働きやすい職場作りに貢献したいですね」

会社DATA		
所在地	愛知県岡崎市藤川町字北荒古32	
設立	1953年（昭28年）4月	
代表者	代表取締役社長　近藤 盛仁	
資本金	5000万円	
従業員数	120人	
事業内容	電子機器関連部品・ユニットの製作、各種大型部品の溶接・精密機械加工	
URL	http://www.tokaikikai.co.jp/	

中日本炉工業株式会社

工業炉一筋、小型真空熱処理炉でトップ
──フルオーダーメードで製作、世界に顧客広げる

＼記者の目／
ここに注目 →
- ☑ 人と違って当たり前。前向きな失敗は必要
- ☑ プラズマ窒化処理を実用化、次世代技術が着々と育つ

　中日本炉工業は金属に熱処理を施して目的に応じた物理的、化学的な特性を与える工業炉の専門メーカー。1974年に日本で最初の加圧冷却方式真空炉を開発して以来、小型真空熱処理炉の分野でトップの地位を築いてきた。工業炉一筋に磨いてきた技術を受け継ぐ代表機種「NVF」シリーズは、ロングセラー商品として自動車、航空機など幅広い領域のモノづくりを支えている。プラズマを利用した表面処理技術の研究など次世代技術にも挑戦する。「顧客に利益を与え、社会に貢献する」ことを企業理念に、ニーズを反映して作り込む同社の工業炉は世界に顧客を広げている。

　工業炉の用途は金型、金属製品、工具、医療、鉄鋼など多岐にわたる。工業炉の仕様や性能など顧客の多様なニーズにきめ細かく対応するため、同社はフルオーダーメードで工業炉の設計、製造から施工、アフターメンテナンスまでを手がけている。

　トップメーカーとしてリードする小型真空熱処理炉は、創業間もない頃に中小のめがね業者からの依頼が始まり。大型の電気炉しかない時代に、さまざまに技術開発を重ねた末に完成にこぎつけた。この経験が、顧客のニーズを予測し、高い技術力で応えるというモノづくりのDNAとして基礎を成している。後藤峰男社長は「人と違って当たり前。よくするための失敗は必要」と考え、この理念を今も工業炉づくりに継承している。

IoT活用して熟練技能をデータベース化

　小型真空熱処理炉「NVF」シリーズは幅広い用途で活用されており、工具鋼の焼き入れ、焼き戻し処理のほか、チタン系鋼の焼鈍処理、真空ロウ付けなど多種多様な熱処理に適している。用途展開を支えているのが自社製炉を使った熱処理の受託事業だ。金型、量産部品、表面処理を柱にした熱処理の受託を通じて技術を蓄積し、工業炉の開発に生かしている。

　次世代技術も着々と開発を進める。硬度や耐摩耗性など機械特性の向上を図るプラズマ窒化処理「アクティブ・スクリーン・プラズマ（ASP）窒化技術」は、期待の技術の一つ。また、IoT（モノのインターネット）を活用した熱処理レシピ生成システム「DiMA（ディーマ）」では人工知能（AI）を活用して熟練技能をデータベース化して蓄積を図り、製造現場の働き方を含めた課題解決に向けて活用研究を推進している。

新工場を建設、達成感を共有する職場環境づくり進める

　現在、本社隣接地では2024年秋頃の稼働を目指して新工場の建設が進んでいる。工業炉の組立て、熱処理受託とともに、研究開発室の入居を予定しており最新の測定、分析装置を備えて技術力の向上に生かす考えだ。後藤社長は「熱処理の測定、分析業務の受託事業も行っていきたい」と業容拡大に意欲を見せる。

代表取締役社長
後藤 峰男さん

今秋稼働を目指して建設する新工場

次世代技術として期待するアクティブ・スクリーン・プラズマ（ASP）窒化装置

新工場は製造現場に空調設備を導入するほか、太陽光発電の採用などクリーン工場とする計画。既存の熱処理や組立ての工場では100％再生可能エネルギーを利用しており、新工場も同様として全社でカーボンニュートラル（温室効果ガス排出量実質ゼロ）を目指していく。

後藤社長は「独自の技術を世界に発信し続けるメーカーを目指す」として、業務を支える従業員一人ひとりが能力を発揮できる職場づくりに力を注いでいる。職場で実施している部員全員参加の「5分間道場」は、人材育成の取り組みの一環。全員が持ち回りで講師を務め、聞く力・伝える力を養う機会としている。また、従業員全員の勤務状況をモニターで閲覧できるようにして業務の見える化を実践。長時間労働解消の取り組みが評価され、2020年に愛知労働局から先進企業（ベストプラクティス企業）に選定された。仲間とともにチャレンジし、達成感を共有できる職場の環境整備を着実に進めている。

理系出身の若手社員に聞く

最先端技術を吸収する毎日

生産本部 設計技術部 研究開発
田中 隆太郎さん
（2019年入社）

研究開発室で新たな表面処理技術として期待されるプラズマ窒化技術の用途開発のほか、真空熱処理炉の性能向上などの研究に取り組んでいます。装置の設計から立ち上げ、評価まで一貫して関わることができ、さまざまにチャレンジできる社風が自分には合っていると思います。大学時代にプラズマの魅力を知り、大学院修士課程の修士研究のテーマが「プラズマ窒化」でした。入社後も興味のあるテーマに携わることができ、最先端技術を吸収する毎日です。いつか自分が開発した技術を世の中に出すのが夢です。

会社DATA

所在地	愛知県あま市木折八畝割8
創業	1965年1月
代表者	代表取締役社長　後藤 峰男
資本金	2000万円
従業員数	119人（2023年4月現在）
事業内容	真空炉、電気炉、燃焼炉の設計、製作、施工。金属熱処理およびCVDコーティングの受託加工
URL	https://nakanihon-ro.co.jp/

株式会社中村機械

DXで進化を遂げる金属加工のプロ集団
——生産管理システムの内製で生産性向上

＼記者の目／
ここに注目 →
☑ 設計から組立、ソフト開発まで一貫体制を構築
☑ SE部門の強化を推進、人材確保にも注力

　機械加工部品や各種省力機械の製造を主力とする中村機械。設計から開発、部品加工、組立、電装、ソフトウエア開発までの一貫体制を武器に、およそ半世紀の歴史を紡いできた。村田製作所をはじめとする大手電子部品メーカーを主要顧客とし、足元では医薬品メーカー向けなど受注のすそ野を着実に広げている。目下の重点戦略は自動化・省人化と、これを実現するためのデジタル変革（DX）の推進。「ベテランの技能と若手の柔軟な発想を組み合わせ、相乗効果を生み出したい」と中村友輝専務は力を込める。

データの有効活用を推進

　中村機械は産業機械などの部品加工メーカーとして1969年に創業。以来、顧客のニーズをくみ取りながら、省力機械の製造やソフトウエア開発など事業の多角化を進めてきた。部品加工部門では工作機械に自動でワーク（加工対象物）を投入する多面パレットによる自動化や、コンピューター利用製造（CAM）で加工条件の共通化を推進。CAMによってベテランの技術をデータ化することで「入社1年目の新人でも同じ加工をできるようにした」（中村専務）。技術のデータ化は珍しくないが、アルミニウム、鉄、真ちゅう、銅など多様な素材の加工データを保有するのが強みだ。

専務取締役
中村 友輝さん

　こうした生産管理システムを内製しているのも特徴。2017年にシステムエンジニア（SE）の専門部署を設置し、システムの自社開発に乗り出した。中村専務はシステムを内製する狙いについて「外注では修正の必要が出たときに時間やコストがかかるが、社内で完結できれば細かな微調整や作り直しが低コストで迅速にできる」と強調。SE部門は現在3人体制だが、将来はシステムの外販も視野に入れつつ、正社員の10％程度まで増やす方針だ。

　DXについて中村専務は「若い人の発想を大切にしたい」と強調する。若手人材は幼少の頃からデジタル技術に触れており、何の抵抗もなくデジタル化に対応してくれているという。製造部門のペーパーレス化が成功したのも「若手のおかげ」（中村専務）と感謝する。今後はベテランのスキルももちろん必要だが、若手の柔軟な発想が企業成長に欠かせない。熟練の技術と若手の発想を融合させ、一層の成長軌道を描く考えだ。

鉄工所のイメージを払拭

　2019年に富山県射水市に建設した射水工場も異彩を放つ。同工場は機械組立の受注増に伴い、氷見本社工場が手狭になったことから新設を決めた。青と灰色に塗装された外観や木のぬくもりの感じられる内装などデザインを追求。およそ工場に似つかわしくない佇まいとした。高度に磨き上げた技術を裏付けに「製造業の印象を変えていきたい」（中村専務）。

　「面倒くさがり」。中村専務は求める人材像をこう表現する。手間のかかる業務の改善・効率化に向けて、自ら動き考えられる人材というのが真意

デザインを意識した射水工場

氷見本社工場の生産ライン

だ。自社の変革を実現する上でこうした人材が欠かせない。中村専務は「我こそは面倒くさがりという人にわが社の門をたたいてほしい」と相好を崩す。

人材育成については「従業員の自主性を最大限尊重している」（中村専務）のが特徴だ。例えば設計部門の志望でも、入社後に部品加工や機械組立、電気関連のエンジニアなど、多様なキャリアステップを踏めるようにしている。これは一貫体制を構築する同社の強みで「人事異動も本人の希望をできる限りくみ取っている」（同）という。自主性というと放任主義と捉えられがちだが「やる気のないことをやっても実らない」というのがスタンスだ。

「遊びのように時間を忘れて没頭できる仕事をしてほしい」と話すのは中村吉延社長。これまでの鉄工所のイメージを払拭しようと、今後もさまざまな施策に思案を巡らす。

理系出身の若手社員に聞く

新しいことにチャレンジできる職場

加工技術部 機械加工3課
川合 悠人さん
（富山県立大学 工学部
知能ロボット工学科卒
2019年入社）

大学時代にロボットの要素技術を学んでいるうちに、3次元（3D）モデルを使った加工に興味を持ちました。当社は5軸加工機をはじめ、立体的な加工に強みを持っていることから入社を志望しました。

CAMを用いて加工機を動かすプログラム作成の業務に従事しています。特に複雑な制御が必要な5軸加工機向けのプログラムを作成し、実際にモノができあがったときは感動もひとしお。ここに一番やりがいを感じています。

当社は若い社員が多いのですが、自主性を重んじる社風で、若手の意見も非常に通りやすいのも魅力。新しいことにどんどんチャレンジできる職場です。

会社DATA		
所在地	富山県氷見市上泉145-1	
設立	1981年（創業1969年）	
代表者	代表取締役　中村 吉延	
資本金	1500万円	
従業員数	84人	
事業内容	各種機械装置の設計・開発・製造、各種機械加工部品製造	
URL	https://nakamurakikai.co.jp	

日東精密工業株式会社

自動車や医療機器など、あらゆる産業と製品を支える仕事
──独自のモノづくり技術で工業から先端分野に貢献

＼記者の目／
ここに注目 →
☑ 競合する大手メーカーが一目置く生産技術と製品力
☑ 多分野への事業展開

大手自動車メーカーや最先端の科学技術産業が絶大な信頼を寄せるモノづくり企業がある。日東精密工業だ。特殊な工具やゴム製品成形用金型といったニッチな産業分野の製品を手がけるメーカーで、その生産技術と製品の機能・品質には競合の大手メーカーも一目置く。最新の製造設備を積極的に導入して効率性を高めた環境の構築に取り組む。一方で海外展開も見据えることで成長の青写真も描く。独自技術による製品力という安定した基盤を源泉に、知識・技術と技能を磨くことを目指す堅実なタイプも、世界の舞台で活躍を目指す積極的なタイプもさまざまな人材が活躍できるフィールドを準備している。

良好な事業環境でさらなる発展へ

同社が手がける主要製品の1つ「ブローチ工具」は従来の自動車（内燃機関）の部品を製造するために欠かせない。大手自動車や部品メーカーが主要な顧客だ。また、ゴム製品成形用金型は自動車用のパワーウィンドのパッキンや医療機器向けのゴム栓などを製造する道具だ。これらは一般の人が目にすることはない。しかし、こうした特殊な分野のモノづくりは、実は大きな可能性を秘めている。その1つは「競争相手が多くない」ということ。

国内のブローチ工具の製造メーカーは少なく、「当社以外は重工業メーカーなど、皆大手」と近藤

代表取締役社長
近藤 敬太さん

敬太社長は説明する。大手メーカーが競合というと熾烈な競争による厳しい事業環境を強いられそうなイメージがあるが、実際は逆だ。「大手メーカーはニッチな分野に投資しづらく、保有する製造設備は当社の方が最新であることも多い。そのために当社と競合する大手メーカーへOEM（相手先ブランド供給：依頼主である競合社から製品の製造依頼をされること）として、製品を供給している。現に当社のフル供給能力を発揮しても、国内市場のすべてを賄い切れていない。まだまだ売上げや収益性を高める余地がある」（近藤社長）。事業環境は良好で、さらなる発展の可能性を秘めている。事業が成長すれば、社員の給与・待遇にも反映され、豊かで充実した生活を送ることへとつながっていく。

また、ゴム成形用金型は医療機器部品を製造するのに欠かせない。今後の高齢社会の進展を考慮すれば、あらゆる医療機器の需要は高まり、安定した供給能力が求められる。

競合社の数や市場が同社にとって優位な事業環境になりつつある。

堅実なタイプも勇猛果敢なタイプも活躍できる

事業環境が優位なことは十分な魅力だが、「自己の知識・技術や技能を磨く」という観点で考えても同社は可能性を秘めている。

その1つが設備投資だ。 マシニングセンタ（MC）や研削盤など、最新の工作機械を積極的に導入する。現場の意向が第一に優先され、最先端の機能を搭載した特殊仕様機など、効率性が高い環境を構築する意識が経営層と共有されている。若くても設備選定に関するプロジェクトに関

わりダイナミックに仕事をすることが可能だ。先端技術を駆使し、落ち着いた環境でじっくりとモノづくりに向き合うことを志向する人材には最高の環境が用意されている。

　一方で、今の良好な事業環境を享受するだけでなく次への展開も描く。それが海外展開だ。すでにインドネシアの企業との業務提携や中国に工場（合弁会社）を保有する。「じっくりとモノづくりに向き合うことを希望する人材も、大きな舞台で活躍を目指す物怖じしない人材も求める。就職活動がうまくいかなくて悩んでいる人はぜひ当社のことを知ってほしい。その人の良いところを引き

ブローチ

出せるように経営層は心がけているし、自分が興味を持っていることに積極的な人を評価する。『頑張る』と言う気持ちがあれば必ずやれるし、やりがいも見つかる」（近藤社長）。

　どんな人材も活躍できるフィールドを準備している。

若手社員に聞く

知識や経験がなくてもチャレンジできるチャンス

荒井 優介さん
（城西大学 経営学部卒 2016年入社）

　「インターナルブローチ」という特殊工具の製造の最終工程である「刃付け」を担当しています。自分の工程で完成品になることが誇らしいです。上司から「刃付け工程は命を吹き込むこと」と言われ、気を引き締めています。緊張感はありますが、強い気持ちを持って仕事に向き合っています。

　学生時代は、理工学に関する専門的な知識を学んでいたわけでなく、ごく普通の学生でした。知識や経験がなくてもチャレンジさせてくれる雰囲気があるので、明るく前向きな人は楽しく働ける職場です。

頼もしい先輩が支えてくれる

小澤 賢人さん
（寄居城北高校卒 2018年入社）

　入社試験の面接では、学校生活のことをていねいに聞いてもらえたので、安心して話すことができました。普通科の高校だったので、工作機械の操作経験がありませんでしたが、ちゃんと覚えることができて自信になりました。仕事中はうまくいかないことでも先輩が一緒に考えてくれるので、心強いです。仕事は「サーフェスブローチ」の最終工程を担当しています。特殊な仕様の工作機械を使わせてもらえることも楽しいです。考えていた通りに物事が進んで、製品になったときは非常にうれしいです。志のある方はぜひ当社へ来てください。

会社DATA

所在地	埼玉県大里郡寄居町桜沢1560-16
設立	1966年12月
代表者	代表取締役社長　近藤 敬太
資本金	2430万円
従業員数	110人
事業内容	精密切削工具の製造販売、各種金型製造販売、鋳抜ピン、中子ピン製造販売、各種切削工具販売、各種工作機械販売
URL	http://www.nitto-p.co.jp/

二宮産業株式会社

75年の歴史を持つ千葉有数のモノづくり企業
──建設機械のキャブでニッチトップ企業

\記者の目/
ここに注目 →

☑ 2期連続で売上高増加、4年連続でベアを実施
☑ 社員寮完備！奨学金の代理返還で若者を応援

千葉県でモノづくりをするなら、お勧めなのが二宮産業（千葉市花見川区）だ。建設機械の操作室の外装である「キャブ」のメーカー。独立系であり、同製品で高シェアを持つニッチトップ企業である。日立建機を始め、国内のほとんどの建機メーカーと取引しており、2023年3月期の売上高は約138億円、経常利益は約12億円。売上高は2期連続で増加しており、経常利益率は8.8%と、部品メーカーとして非常に優秀な業績だ。大串隆社長は「多くの取引先と長年にわたってお付き合いをいただいていることが、経営の基盤になっている」と語る。同社の工場や本社は千葉県のみにあり、県外の転勤はない。結婚や育児、親の介護など、ライフスタイルに変化があっても千葉県で働き続けることができる。技術者が現場でじっくりと腕を磨くには、この安定した環境は大きなプラスとなる。

従業員数は約290人で、毎年5〜10名の新入社員が入社している。新入社員の学歴は高卒生、高専生、大学生とさまざまだ。彼らは入社後、2週間の講義形式の研修を受けた後、工場で半年間の現場研修を行う。骨格部品であるパイプの曲げ加工や組み立て、溶接、塗装など一連の製造工程をすべて経験したあと、各部署に配属され、そこからは先輩に教わりながら仕事を学んでいく。詳細

な人事評価制度があり、賞与や昇給は評価によって決定。優秀な成績を出せば、昇格も早く、社員としての成長を実感できるようになっている。

二宮産業という社名は、江戸時代の農政家、思想家である二宮尊徳から取られている。経済と道徳の両立を訴えた尊徳の思想に従うがごとく、二宮産業の福利厚生や待遇は、企業規模を超えた手厚さだ。まず給料だが、同社は4年連続で初任給を引き上げる。最近の物価高を考慮し、2024年度は前年の21万円から22万円にアップする予定だ。物価高への対応として賃上げする大企業は珍しくないが、中堅企業では少数派だ。ワンルーム型の独身寮もある。2018年に建設し、家賃は駐車場代込みで5000円からという破格さだ。

奨学金の返済負担が社会問題となるなか、同社は代理返還制度も導入している。社員に代わり、奨学金を返済する制度だ。独立行政法人日本学生支援機構のホームページによると、千葉県の製造業で同制度を導入しているのは二宮産業のみだ。

給与面での手厚い支援だけでなく、能力の向上や技能の研鑽のためにも十分な用意がある。溶接や玉掛け、クレーンやフォークリフトの操作など、業務に必要な資格取得を支援している。それ以外に、英会話や着付けなど仕事に直接関係ない資格でも、かかった費用の半額を補助している。「企業の根本は人である」という同社の姿勢の表れだ。

採用にあたり、同社はどういった人材を求めているのか。大串社長は「人柄です」と即答する。突出した能力を持つ人でなくとも、世代や価値観の異なる上司、部下、同僚と仲良くでき、チームワークで仕事ができる人材を求めている。理系、

代表取締役社長
大串 隆さん

建機の運転室の外装（キャブ）のトップメーカー

産業用ロボットも稼働する先端の生産ライン

工業系の学生が中心だが、近年では文系の学生も採用している。

　キャブ事業は売上高の9割を占めるが、そのほかに立体駐車場の開発・製造・販売も行う。建機のアタッチメントの開発など新規事業にも取り組む。大串社長は「長年の技術基盤、取引先との信頼関係を大事にしつつ、新たな事業にも挑戦していきたい。未来の二宮産業を作るため、協調性を持ち、チャレンジ精神あふれる学生に入社してほしい」と期待を寄せている。

職人技が生きる組み立て工程

理系出身の若手社員に聞く

自己成長を感じられる職場

建機事業部 設計開発部 設計課
今川 雄斗さん
（2018年入社）

　千葉工業大学電気電子情報工学科（現電気電子工学科）を卒業し、2018年に入社しました。入社の理由は、設計と製造の距離が近いことです。現在は日立建機のキャブの設計をしていますが、工場が近いとトライアンドエラーなどが比較的気軽にできるので助かります。

　当社は優しい人が多く、職場の雰囲気が良いと感じています。仕事のスケジュール組みも自分に任せてもらえる部分が多く、働き方を自分で決められるのが魅力です。

　設計者として、自分が設計した製品が量産化されると感動します。モノづくりが好きな人には最適な会社だと思います。

会社DATA		
所在地	千葉市稲毛区長沼町334-2	
設立	1948年2月	
代表者	代表取締役社長　大串 隆	
資本金	2億5000万円	
従業員数	300人	
事業内容	建設機械用運転室「キャブ」など主要部品の設計・製造 機械式駐車装置「パークエース」の設計・製造・販売・据付・メンテナンス	
URL	https://www.ninomiya-co.co.jp/	

株式会社吉野機械製作所

プレス機械で生産現場の脱炭素化に貢献
──モノづくりを支える設計開発力

＼記者の目／
ここに注目 →
- ☑ 新しいことへの挑戦を奨励する社風
- ☑ 若手が前線で活躍できる

吉野機械製作所は、プレスブレーキやパネルベンダーなどの自動機械、これらの機械を組み込んだ省力化ラインを手がける。1948年に工業高校の一室で創業し、2023年に75周年を迎えた。高い設計開発力により独自製品を世に送り出し、存在感を示している。

サーボ駆動式、消費電力削減

主力のACサーボ駆動式プレスブレーキ「YSP」シリーズは、従来の油圧式に比べて消費電力を4分の1に削減できる。完全電気駆動で油を使わないため環境負荷が低く、メンテナンスが簡単で扱いやすい。生産現場の脱炭素化につながる。

国内外の大手工作機械メーカーもサーボ駆動式のプレスブレーキを展開しているが、大型機では油圧式が主流。YSPシリーズは曲げ長さ6メートル、加圧能力400トンを実現し、サーボ駆動式としては世界最大級だという。

独自の金型交換装置により段取り替え時間を短縮。複雑な曲げ加工や少量多品種生産に向く。窓枠やドア枠、トラックの架台などの生産に採用されている。発売から約10年間で累計70〜80台を販売した。

DX、働きやすい職場づくりに注力

同社は設立75周年の節目である23年、父で現

代表取締役
吉野 友章さん

会長の吉野有信氏からバトンを引き継ぎ、吉野友章氏が社長に就任した。新社長が注力するのはデジタル変革（DX）と社員が働きやすい環境づくりだ。

会計や勤怠管理などの間接業務をデジタル化し、クラウド上に情報を集約した。また、紙図面を廃止し、作業者はパソコン上の3次元（3D）モデルを見ながら機械を組み立てる。設計部門と製造部門の円滑な情報共有に加え、「機械の知識があまりない若手でもプラモデル感覚で組み立てられる」（吉野社長）利点もある。20〜30代の若手に積極的に仕事を任せるという会社の方針もあり、主力のプレスブレーキの組立も若手が中心的役割を担っている。

社員教育にも注力する。全社員向けに英語学習アプリケーションを導入し、スマートフォン上で個人の習熟度に合わせて学習できる。このほか、週に1時間をデジタルに関する自主学習に充てる取り組みを24年度から始める。学習テーマは、エクセルを応用したBIツールの活用法、RPA（ロボットによる業務自動化）、生成人工知能（AI）、ロボットの使い方など個人が設定し、主体的な学びを後押しする。

人事制度や働き方の改革も進める。23年に社長直轄組織として経営戦略室を設立し、業績の見える化を進めた結果、一人ひとりの生産性を把握しやすくなり、成果に応じた公平な人事評価につながっている。これにより社員のモチベーションが向上し、「トップダウンではなく、社員が自ら考え、改善に向けて行動できるようになってきた」という。また、生産性向上により残業時間を月平均で約20時間まで削減し、働きやすい職場

プレスブレーキとロボットを組み合わせた「レスティーチングロボットシステム」

23年開催のMF-TOKYOで新製品をPRした

づくりが進んでいる。

新製品開発にも余念がない。24年中にもCAMを応用したレスティーチングロボットシステムとプレスブレーキを組み合わせた完全自動曲げシステムを発売する予定。ティーチングペンダントによる教示が不要となり、教示にかかる時間やコストを削減できる。

「国内より海外の方がロボット化や脱炭素化への意識が高い」（吉野社長）と見て、欧州や中国、韓国、ASEAN（東南アジア諸国連合）などに同システムを売り込む。将来的には若年人口の多い東南アジアに拠点を設ける構想もある。

創業者の吉野通利氏は、国内で普及し始めていたプレス機械に着目して参入。2代目の吉野会長は設計開発、営業体制の強化によりプレス機械メーカーとして国内で一定の地位を築いた。3代目である吉野社長は「海外展開の強化が自身の使命だ」と語り、自ら挑戦する姿を見せることで社員の挑戦を促したい考えだ。

「仕事の自由度が高く、若いうちからさまざまなことに挑戦できる」と吉野社長。「何事も、その道のプロになるには情熱が必要。挑戦意識や上昇志向のある人材に入社してほしい」と話す。

理系出身の若手社員に聞く

若手に裁量、挑戦する姿勢に魅力

機械設計部
森永 聡一さん
（2022年入社）

顧客の仕様に応じた専用ラインの設計を担当しています。顧客が求める仕様を実現するため、採用する機構を考えることもあり、設計の自由度が高い点に面白さを感じます。担当した機械が組み立てられ、形になったときに達成感を覚えます。東京農工大学を卒業後、農機メーカー、教育業界を経て、また機械設計の仕事がしたいと考えて入社しました。若いうちから裁量を与えられること、挑戦する姿勢に魅力を感じたことが入社の決め手でした。主力であるプレス機械の設計に早く携われるよう技術を磨いていきます。

会社DATA		
所在地	千葉市緑区大野台1-5-18
設立	1948年3月
代表者	代表取締役　吉野 友章
資本金	1500万円
従業員数	50人
事業内容	プレス機械、省力化ラインの設計、開発、製造
URL	https://yoshino-kikai.co.jp

坂口電熱株式会社

電熱技術であらゆるモノづくりを支える
── 原子レベルから重厚長大まで幅広い顧客に対応

\記者の目/
ここに注目 →
☑ 最先端の技術に触れながら "まだない" ものを具現化
☑ 現場重視の教育で若くして多様な経験を積める

半導体製造装置、航空宇宙、自動車、医療、食品まで、モノづくりには加熱工程が不可欠だ。坂口電熱は抵抗加熱技術をベースに、レーザ加熱方式など用途に合わせた加熱方式を提供。さらに、熱を制御する制御機器、熱の温度を計測する温度センサ、そして加熱を効率的にサポートする断熱材や絶縁材なども取り扱い、「熱」に関するエキスパート企業として産業界を支える。秋葉原の本社にはアンテナショップを併設するなど情報発信にも積極的だ。

100年の実績、経験と信頼が蓄積

同社のヒーターは、宇宙から地球にふりそそいでいるニュートリノを観測するための素粒子観測装置「スーパーカミオカンデ」、さらにバージョンアップした「ハイパーカミオカンデ」の光電子増倍管の製造過程に採用されている。

産業界から絶大な信頼を集め、技術力を発揮する背景には、創業者の「企業経営は社会恩に報いるため」という思いが社是に体現され、社員に共有されていることがあげられる。顧客の課題解決に向け難しい技術にもチャレンジする精神のバックボーンとして受け継がれている。加えて「100年にわたる歴史の中で蓄積されたノウハウや経験」が強みだと、R&Dセンター長の亀田誠一郎

取締役は強調する。

「外資、日系、大手企業から中堅・中小企業にいたるまで、多種多様な顧客からの加熱に関する要望や相談をベースに積み重ねた経験と実績があり、それらが若い世代に着実に引き継がれている。そのため特注製品でも迅速かつ確実に対応する対応力、課題解決力がある。また、グループ会社である製造会社をはじめとする数百の取引先と築いてきた長年の信頼関係を基に、さまざまな業種の顧客ニーズに迅速に対応できる柔軟性も大きな強み」と話す。

産官学連携でゲームチェンジャーに

理工系の新人が配属される技術部は、「開発」と「設計」に分かれる。両部門の連携は密で、異動も柔軟だ。新人は入社後数カ月間、座学や製造現場研修を受けるが、その後は先輩とともに現場に出て、実践を通じて経験値を上げていくことを重視している。入社1年以内でも顧客の工場に常勤しながらヒーターの設置をサポートするなど若手の活躍の場も多い。そのため、好奇心を持ち、自らの常識だけにとらわれず、まずは未経験のことにも果敢に挑戦する積極的な姿勢が求められる。亀田取締役は「顧客が幅広いので世の中の技術の動きを早い段階で捉えることができる」こと、「世の中に存在しないものを設計することもあり、それが製品として顧客の課題解決に貢献することで、世の中の役に立っている実感が得られる」ことがやりがいにつながると話す。

今注力しているのは、産官学の連携を通じて、将来のゲームチェンジャーとなるような技術開発だ。たとえばレーザ水素アニール技術を用い、半

取締役
R&D センター長
亀田 誠一郎さん

導体基板であるシリコンウエハのMEMS構造を
ナノスケールで平滑化および丸め化する技術を、
東北大の金森義明教授、産業技術総合研究所、一
般社団法人ミニマルファブ推進機構と共同開発し
た。

「これらの技術を応用して、光通信など最先端
技術に必要不可欠な加熱技術を提供し、縁の下の
力持ちとして社会に貢献したい。顧客を支援する
ことが、日本の経済成長、ひいては日本の若者が
より希望を持てることにつながると信じている」
（亀田取締役）

外国人・日本人留学生を支援する公益財団法人

次世代放射光施設「NanoTerasu（ナノテラス）」などの最先端設
備にも納入している（量子科学技術研究開発機構 提供）

坂口国際育英奨学財団を支援するなどCSRにも
積極的な同社では、技術が磨けるだけでなく、人
としても大きく成長できそうだ。

オーダーメードのモノづくりにひかれて入社

技術部 設計課
斉藤 猛さん（2020年入社）

大学の合同説明会で「オーダーメードのモノづくりができる」と
知り入社しました。現在、ラバーヒーターなど面状発熱体の設計を
担当しています。1年目でお客様の半導体工場に常勤しながらヒー
ターの現場設置をサポートするなど、半導体をつくる世界を学ぶこ
とができました。次世代自動車製造向けのヒーターの設計では、お
客様と一緒にブラッシュアップを続けています。自分が設計した製
品がお客様の課題解決に役立っていると思うとやりがいを感じま
す。「斉藤に設計を頼めば間違いない」といわれるような技術者にな
るのが夢です。

異業種の技術にも触れられ刺激的で楽しい

技術部 設計課
松本 守央さん（2021年入社）

「熱」に興味があり、大学ではヒートパイプの研究をし、秋葉原の
アンテナショップで材料を購入したことがあります。実際入社して、
多様な製造過程で使用されるヒーターから野球場のベンチヒーター
まで、幅広い分野の設計に携わることができ、充実しています。ベ
ンチヒーターは美観とヒーター性能を両立させるのに苦労しました
が、普段とは違うチャレンジで楽しかったです。異業種の方と関わり、
最先端の技術を知ることができるのも当社の魅力。マルチに設計で
きる技術者を目指しています。

会社DATA

所在地	東京都千代田区外神田1-12-2
設立	1923年
代表者	代表取締役社長　蜂谷 真弓
資本金	1億円
従業員数	150人
事業内容	産業用ヒーター・センサ・コントローラの開発・設計・製造・販売
URL	www.sakaguchi.com

株式会社ジーアクト

精密切削加工のプロ集団
—— 光学機器や医療機器業界を部品でサポート

＼記者の目／
ここに注目 →
- ☑「仕事はいつもおもしろく」を実践
- ☑ 皆が働きやすい環境を整備

　ジーアクトは浜松市で主に光学機器の部品の切削加工を手がけている。1979年の創業以来技術力の研鑽を重ね、大手企業と強固な信頼関係を結んでいる。浜松市を含む静岡県西部地区は輸送用機器産業の集積地としての印象が強いが、同社はほぼ関わっていない。それは創業当時からの戦略である「多品種少量の切削加工に特化しているから」と、堀内康博社長は語る。

多品種少量生産に特化

　同社が受注するのは1個から最大でも毎月50個程度の案件だ。そうした量産ではない、他社が請け負いにくい数量でも積極的に引き受けてきた結果として成長し続けてきた。だがそれは営業戦略上の狙いだけではない。多品種少量生産への特化について堀内社長は、「同じことを淡々とこなすよりも変化があっていい」と語る。日々異なる加工に挑戦し続ける方が、ジーアクトの「仕事はいつもおもしろく」という経営理念に合致している。

　加工形状は丸物・軸物や角物・ブロック、異形など多岐にわたり、材質もアルミニウムやステンレス、純銅などさまざまだ。同じ物がない小ロット品へ対応するためには社員一人ひとりの技術力向上が欠かせない。現在では生産に関わる社員全員が、顧客の図面を見て自分で加工プログラムの

代表取締役社長
堀内 康博さん

作成や治具の設計までを行える。それぞれが独立した動きで業務を完結できるため、1個からという多品種少量生産を実現できる。この生産体制を維持・発展させていくため、人材の育成と採用は経営の最重要テーマだ。

　社内では加工に関する知識や経験を教え合う勉強会や、熟練者から中堅・若手への技能伝承を進めている。未経験者であっても、会社の負担による外部機関での研修を経て現場業務に備えるようにしている。

従業員と地域に愛される工場に

　2023年9月には本社工場を移転、拡張した。会社が成長し続けた結果、受注拡大で旧工場が手狭になったからだが、堀内社長は「社員が面白く働ける良い環境にして、人材の採用にもつなげたかった」と語る。明るい建屋内は労働と加工両面の環境改善を重視した。壁面は断熱構造で極力窓を付けず温度変化を少なくした。中で働く作業者にとっても快適だ。

　内部には従来の製造業の現場のイメージを変えるような設備を用意している。「特に重視した」（堀内社長）という清潔で使いやすいトイレや、2階にはカフェテリアやテラスを設けた。新工場移転後に入社した社員を面接した際にも「きれいだ」と驚かれたという。

　新工場では地域貢献も積極的に行う。さっそく近隣の中学生の職場体験を受け入れた。水害の発生時にはテラスを避難所として住民に解放するほか、自動体外式除細動機（AED）や災害ベンダー機能付き自動販売機を設置し利用できるようにした。長年事業を営んできた地元である旧浜北市地

最新の機械も並ぶ工場内

事務所内には働きやすい環境を整備した

域への愛着は人一倍だ。

　事業を強化する設備投資も実施した。ロボットなど自動化装置が付く最新の5軸制御マシニングセンタ（MC）や複合加工機の導入を完了した。作業負担軽減と夜間や土日の連続運転で多品種少量生産をさらに強化する。同時に5年以内に光学機器部品に次ぐ新たな柱として、医療機器の部品加工への本格参入を視野に入れる。もう一つの事業として、図面のない現物から機械部品などを複製する「リバースエンジニアリング・サービス」

も始めている。新たなチャレンジには工作に喜びを感じる新たな人材が欠かせない。機械工学や切削の理論が備わっていればなお良いが、好奇心旺盛でモノづくりを楽しめることが一番だ。堀内社長自身のモノづくりの原点も、子供の頃の自動車模型で楽しんだ思い出だ。工場自体には経営理念を伝える「Exciting Base」という愛称を付けた。モノづくりを楽しむエキサイティングな挑戦が新工場から始まる。

理系出身の若手社員に聞く

加工が成功した時の達成感が魅力

製造課1課
小林 直暉さん
（2021年入社）

　マシニングセンタ（MC）のオペレーターとして、さまざまな形状の部品を加工しています。もともとは異業種で仕事をしていました。知人からの紹介で面接を受け、工場を見学して面白そうだと思い入社しました。品物によりますが、今では自分で加工プログラムを組めるようになりました。図面を見てどう加工するかを考え、成功すると達成感があります。新工場には新しい5軸MCも入りました。これから使いこなせるように勉強し、いつか同時5軸加工にも挑戦したいです。

会社DATA

所在地	静岡県浜松市浜名区尾野2767
設立	1979年
代表者	堀内 康博
資本金	3000万円
従業員数	30人
事業内容	光学機器や医療機器部品の精密切削加工
URL	https://www.g-act.jp/

ソフトロニクス株式会社

"頭脳を持つ" モータをいち早く製品化
── カスタムメイドで設計から一貫体制で差別化

\記者の目/
ここに注目 →
- ☑ 常に最先端のモノづくりにチャレンジできる
- ☑ バーチャルとリアルの接点・サーボモータの可能性は無限大

標準製品そのままの販売が主流の大手モータメーカーとは対極に、世界で唯一のカスタムメイドのサーボモータを生み出しているのがソフトロニクスだ。顧客は、「これまでにない」モータを求めて同社に相談にやってくる。例えば1秒に1つ握れる"寿司マシン"や、病院で使用される検体搬送システムのベルトコンベアなどに内蔵されたモータは、見えない部分ではあるものの、高度な制御技術が求められる機械にはなくてはならない存在だ。

「相談に来られるお客さま自身も、どんなモータが必要なのか表現できない場合が多々あり、それを私たちが引き出していきます。やりとりを繰り返しながら、モノづくりの冒険ができるのがモータならではです」と、創業者の宇塚光男会長はモータづくりのおもしろさを熱く語る。菱沼恵一社長は「動きのイメージを技術で形に落とし込んでいく」醍醐味が、モータづくりにあるという。

さいたま市のリーディングエッジ企業に認定

同社は、位置や速度などを制御できたり、回路が内蔵されていたりと、時代の進化に合わせて"頭脳を持つ"機能的なモータを製品化してきた。メカトロニクスとエレクトロニクスの技術をソフトウェアで融合し、ロボット化が進む時代にいち早く対応してきたのである。2010年にはさいたま市が独創性・革新性に優れた技術を持つ市内の研究開発型モノづくり企業を認定する「さいたま市リーディングエッジ企業」にも選出され、その技術力は折り紙付きだ。

「世の中のニーズに合わせた新たなモータ、つまり常に新しいものをつくっている会社です。そのため、技術者の活躍が絶対的に必要です。とはいえそれは簡単にできることではありません。数学、物理、電気回路、振動工学など、さまざまな知識が必要です。逆にいえば、これまで学んできたことを存分に発揮できる仕事です。学びを応用して新しいものをつくってみたい人や、ものを分解して仕組みを探求することに喜びを感じてきた人はとくに大歓迎です」(宇塚会長)

求む！AIモータづくりに意欲ある人

入社後半年間は、専門に限らず、加工研修、組立て研修、電気回路研修など幅広く実務研修を行う。菱沼社長によると「すべて一人でやりたいことができるようになるため」だ。すなわち専門＋幅広い技術を修得することが可能で、数年かけて一人前となっていく。風通しがよい社風で、先輩後輩関係なく、わからないところは気軽に聞き合えることが、さらなる技術力の研鑽にもつながっている。

能力に応じて支給される「特別手当」を導入しており、それにより社員のモチベーションも高い。2024年度からは「奨学金代理返還制度」を導入予定だ。毎年の国内旅行のほか、5年ごとに海外社員旅行を実施するなど福利厚生も整っている。

代表取締役社長
菱沼 恵一さん

小型サーボモータ
A1-SV35R および
A1-SV35R ギア付きタイプ

ギアヘッド搭載サーボモータ
A1-OT8R+MG80S および
A1-SQ7R+MG80S

「今後はAI（人工知能）をモータに取り入れて"AI内蔵モータ"を製品化していきたい。たとえば、ロボットのアームがモノをつかむときに、豆腐なのかリンゴなのかで握る力は異なるので、そのセンサの波形をAIチップでキャッチして握力を認識できるようなモータをつくりたいのです。そんな最先端技術へのチャレンジを、若い人に任せていきたいと考えています」（宇塚会長）

バーチャルとリアルをつなぐのがサーボモータであり、人手不足でロボット需要が高まる中、その需要も増加していくだろう。未来に向けた技術の可能性が詰まった会社といえそうだ。

若手社員に聞く

専門外の技術も習得できる

TSM部
安達 智明さん（2022年入社）

出荷にあたっての検査や耐久試験などを主に手がけています。電気系学部出身のため、その学びを活かしたいと考えて入社しました。他社に比べ、フランクな雰囲気やトップの決断の早さなどが突出していたことが、入社を決めた理由です。電気系の業務だけでなく、どういう形の治具にするか、材料発注、穴開け、組立てなど畑違いのことまで取り組ませていただき、それが想像していた以上におもしろいという経験をしました。いろんな業務が体験でき、できることが増えるので成長実感があります。

貴重な「創業当初の名残り」が味わえる

TSM部
石井 真範さん（2021年入社）

前職の電気回路系の仕事からシステム系に転向しようと、通学した職業訓練学校で求人を知り、会長のユニークさに惹かれて入社しました。技術力はもちろん、素早い経営判断など学ぶべき点がたくさんあります。「今までの経験を活かして新しいことができる」と言われた通り、特機モータのソフトの書き換えが主業務ですが、マーケティングや新規事業など幅広く任されており、やりがいがあります。タイムカード、出勤札など創業当初の名残りを味わえるのも当社ならではです。

会社DATA

所在地	埼玉県さいたま市桜区山久保1-8-2
設立	1983年6月1日
代表者	菱沼 恵一
資本金	1000万円
従業員数	46人
事業内容	精密小型モータ、モータ応用機器、メカトロニクス機器の開発、製造、販売
URL	http://www.softronics.co.jp/

ナプソン株式会社

電気抵抗率/シート抵抗測定装置のニッチトップ
――半導体や薄膜の開発や測定を支えるプロ集団

＼記者の目／
ここに注目 →

- ☑ 半導体ウエハー抵抗測定、液晶薄膜測定での販売シェアは世界で80％以上を誇る
- ☑ 昨年度、賞与実績年間10カ月。今年度は、さらに上乗せを予定

半導体、液晶、太陽電池向けに、抵抗率/シート抵抗測定装置を製造・販売するナプソン。同社の測定装置は、半導体材料のシリコンウエハーや液晶パネルなどの抵抗率、膜厚などの検証に使用される。半導体部品、液晶パネル、太陽電池を開発、製造するうえでナプソンの測定装置は欠かせない存在となっている。

身近なところでは、スマートフォンやタブレット端末の画面に貼られている導電膜シートの抵抗率を測定する装置などがある。世界各国の半導体材料や太陽電池、フラットパネル（液晶、有機EL）、タッチパネル、カーボン系新素材などの研究機関、メーカー、大学などが販売先だ。

先代の創業者から経営を引き継いだ中村真社長は、「私は創業から5期目に中途入社し、当時は社員が10人弱ほどしかいなかった」と振り返る。中村社長は入社当初、米国などに自社製品を売り込む海外営業の担当として奔走。「米国の会社がナプソンの製品に興味を持っていて、現地でOEM（相手先ブランド）による展開をしようとしていた」（中村社長）と明かす。今では、同社の海外売上高比率は7割に上り、エンジニアは装置の据え付けでアジアやヨーロッパなど海外に出かけていくチャンスもある。

代表取締役
中村 真さん

創業以来磨き続けてきた電気抵抗率測定技術

半導体材料や薄膜などの電気抵抗を測定する方法は接触式と非接触式の2種類がある。接触式はサンプルに針を当て測定するもので、測定対応範囲が広く、さまざまなサンプルタイプに使用できる。非接触式は測定器の間にサンプルを挿入して電気抵抗を測定する方法で、サンプルにダメージを与えることがない。

中村社長は「接触式のメーカーは国内に数社、世界に3〜4社ほどあるが、国内で非接触式の抵抗測定器を手がけている会社は当社以外にない」としたうえで、「接触式と非接触式の両方式の測定器を本格的に開発・製造・販売する企業は、世界中でナプソンだけだ」と淡々と話す。

ナプソンは半導体材料、薄膜、フラットパネル業界に対しては、独自に確立された販売網によって、国内だけでなく海外でも高い市場占有率（シェア）を誇る。根幹となる電気抵抗の測定技術は一貫しているが、用途は半導体ウエハーから太陽電池、液晶、有機EL、パワー半導体向けの化合物などへと広がっている。

若手社員に広がる活躍の場

ナプソンの強みは何と言っても研究開発力。技術職のうち、約2割の人員を開発専門に割り、これまで取得した特許は10以上に上る。産学連携にも積極的で、新潟大学、山形大学、千葉大学などと共同研究の実績があり、山形大学とは共同特許も取得している。「電気抵抗以外の測定に関連するさまざまな技術も開発しており、現場から上

セミコン上海2019 ナプソンの現地代理店ブース　　　　ナプソン　クリーンルームでデモ測定の準備

がってきたアイデアをもとに新規プロジェクトにも常に取り組んでいる」（中村社長）。

採用面では技術職を中心に、設計・電気・機械・ソフトウエアなどの幅広いエンジニアが活躍。2024年4月の新卒採用については、①電気設計・測定開発、②機械設計、③制御系（PLC）設計、④ソフトウエア開発の4職種を想定し、数名を採用する予定。

中村社長は「基本的に機械系を学んできた人は機械設計、電気系は電気設計・測定開発といったように配置するが、本人のやる気と希望があれば、専門外の職種に転じることも可能」と説明する。最終学歴は高専、短大、大学のいずれかを卒業した人で、「技術職の場合は、モノを組み立てたり、機械いじりをしたりすることが好きな人は向いているのではないか」（中村社長）という。

入社後は約3カ月間、各部署で専属の教育係とマンツーマンで製品の組立や測定器の原理などを一通り学んで基礎を身につける。社内の研修とは別に、社外でセミナーや講習会などに参加する際には、会社としてサポートしている。

理系出身の若手社員に聞く

自由にトライできる風通しの良い社風

技術部 開発課
牛込 賢治さん
（2006入社）

高専の電気電子工学科に在籍していた時に、担任教諭のもとへ当社の先代社長が技術相談に来られたことがきっかけで、入社しました。当初は事業のイメージが湧きませんでしたが、実際に非接触の電気抵抗測定器の開発に携わると、自由にトライアルできる社風だと感じるようになりました。例えば回路設計で今までと違う方式を試してみる、といったように、自分の発想で仕事に取り組んでいます。今は受注が多く忙しいですが、落ち着いたら新たな分野にも挑戦したいと考えています。

会社DATA		
所在地	東京都江東区亀戸2-36-12 （工場：千葉市緑区大野台2-5-10　緑と森の工業団地）	
設立	1984年7月4日	
代表者	代表取締役　中村 真	
資本金	5000万円	
従業員数	50人	
事業内容	電子機械装置（半導体関連測定機器）の研究開発、製造販売、輸出輸入	
URL	https://www.napson.co.jp/	

日鉄マイクロメタル株式会社

半導体接続材料で世界トップシェア
——世界初の銅ボンディングワイヤ量産化に成功

＼記者の目／ ここに注目

☑ 入社後の学位取得も推奨　技術系中心に幅広い採用活動
☑ やりたいことを実現できる　若い人の個性生かせる環境

電子機器を制御する半導体は、パソコンやスマートフォンだけでなく、自動車や家電製品など幅広い製品に使われている。日鉄マイクロメタルは、半導体素子と基板を接続して電気信号を伝える金属の細い線「ボンディングワイヤ」の生産で世界トップシェアの一角を占める。ワイヤの直径は15～30マイクロメートルで髪の毛の約5分の1の細さだ。「世界中にある電子機器の約15％に当社のワイヤが使われている」と山田隆社長は説明する。

ボンディングワイヤの素材には高価な金が半世紀にわたり使われていた。ただ、半導体の需要が急拡大する中で、金に代わる素材の開発が急務になっていた。同社は2007年に銅芯にパラジウムを被覆したボンディングワイヤの量産化に世界で初めて成功した。山田社長は当時、取締役技術開発部長。「銅は低価格で金に代わる素材として期待されていたが、硬くて酸化しやすく実用化は難しいと言われていた。しかし、独自の材料やプロセス技術の開発に加えて、ナノレベルの制御技術により、困難と言われた量産化と品質の安定化の両立を成し遂げた」と振り返る。

研究開発でマーケットを変える

この量産化技術によりボンディングワイヤの素材は金から銅へ急激に置き換わり、現在では全ボンディングワイヤ市場で約5割のシェアを占めることになった銅ボンディングワイヤで同社がトップシェアの座に着いた。「研究開発でマーケットを変えていくことが、当社の基本的な戦略。技術を非常に重視している」と山田社長は強調する。

2022年10月には、同社の技術が世界的に著名な雑誌「ニューズウイーク」に紹介された。半導体製造の材料や装置で優れた日本企業を取り上げた特集の中で、山田社長がインタビューを受けて同社の製品や技術が詳しく説明された。「マーケットに対して、常に一番早く新しい機能やコンセプトを提案する。それによって、知財と技術開発の両面において先頭を走ることができる。それが同業他社には真似できない当社の強み」と山田社長は話す。

同社は1987年に新日本製鐵（現日本製鉄）と松田産業の合弁により設立された。研究開発は日本製鉄の先端技術研究所と連携して進めているほか、人的交流も進めている。日本製鉄グループの総合力を活かし、常にお客様から選ばれる半導体実装技術のソリューションプロバイダーを目指す。

世界市場をリードする

同社は埼玉県入間市に本社と入間工場を構えるほか、同県寄居町に寄居製造所がある。寄居製造所では小さな球状の材料で半導体と基板を接続する「マイクロボール」も生産する。一方、海外にはフィリピンと中国の浙江省杭州市に工場を持つ。マレーシアには営業拠点もある。

現在、社員は約300人。技術系を中心に幅広い採用活動を進めている。「当社は設備の開発から

代表取締役社長
山田 隆さん

ボンディングワイヤの開発現場

製造する様々なボンディングワイヤ

手がけており、金属や化学分野だけでなく機械の専門家も求めている」と山田社長は話す。同社は入社後の学位取得も積極的に推奨している。技術の最先端を先取りしてマーケットを拡大していくために、大学へ社員を送り出し専門知識や技術を学ぶ機会を提供するなど、社員の教育に熱心に取り組んでいる。山田社長は「当社は自分がやりたいと思うことが、かなり実現できる幅がある会社だ。情熱を持って臨んでもらえれば、実現できる

だけの環境があり支援も受けられる。若い人の個性や能力を活かせる会社だ」と強調する。

今後、電気自動車（EV）の電気制御や高出力のエネルギーをコントロールするパワー半導体など、半導体需要はさらに幅広い用途へ拡大していくと予想されている。「将来は海外拠点を一層拡充してこれまで以上にワールドワイドで情報発信できる企業に成長していきたい」と山田社長は意気込みを見せる。

理系出身の若手社員に聞く

仕事にやりがいと喜び　スピード感ある会社

技術開発部 技術第二課
山口 正さん
（2016年入社）

　会社説明会で在籍していた大学のOBから、パラジウム被覆銅ボンディングワイヤの量産化に世界で初めて成功した企業と聞いて、ワクワクしたことを覚えています。自分も開発の仕事に携わりたいと思い、入社しました。現在は開発業務の中で評価を担当しています。開発中の製品の性能がどんどん向上していくのを、最初に確かめられるので、やりがいを感じています。当社は、開発・製造・販売と一貫した体制があり、関係者間での連携が密なため、スピード感のある製品開発が実現できています。

会社DATA		
所在地	埼玉県入間市狭山ケ原158-1	
設立	1987年2月	
代表者	代表取締役社長　山田 隆	
資本金	2億5000万円	
従業員数	約300人	
事業内容	ボンディングワイヤ、およびマイクロボールの製造、販売	
URL	https://www.nmc-net.co.jp/recruits/	

株式会社日本製衡所

"業界初" の計量器を多数開発
── 「直販」にこだわりニーズを捉えた製品を提供

＼記者の目／
ここに注目 →
- ☑ 産業のマザーツールである計量器を50年以上製造
- ☑ 運送業界の過積載問題の解決に真正面から取り組む

　日本製衡所は産業用計量器の専門メーカー。産業資材などの重量を量る大型台はかりや、トラックなど大型車を積載物ごと計量するトラックスケールを主力製品として展開する。関連システム製品も提供しながら顧客の計量管理業務へのトータルサポートを行っている。

　創業は1949年。計量器の修理会社としてスタートし1971年に現在の業容へ転換した。当時はすでに計量器メーカーが国内に多数存在しており、同社は後発企業だった。産業用計量器は代理店を介して販売を行うのが一般的で、新規参入の同社は取引先の代理店がなく、やむなく直販で製品を展開。しかし、この直販の取引形態が今では同社独自の大きな強みとなっている。「直販では、顧客から『こうしたものがほしい』というニーズや要求などを直接聞ける。これが当社の製品開発にとって大きなアドバンテージとなっている」（岩淵智宏社長）。こうした強みが同社の転機にもつながった。メーカーに転身したが知名度がなく、お客様の獲得に四苦八苦していた時、多くの砕石工場からトラックスケールがよく故障するという声を聴き、その課題解決のために頑丈で耐久性の高いトラックスケールを開発した結果、市場で大きな信頼を獲得。お客様の声を形にすることで大きな発展を成し遂げた。同社は現在も直販に

代表取締役社長
岩淵 智宏さん

こだわり、販売形態の約75%を直販が占めている。

直販へのこだわりと開発力が強み

　直販体制に裏付けられた開発力も同社の強みだ。同社はこれまで「業界初」の製品を多く開発してきた。例えば、砕石や土砂をトラックに積み込む際にタイヤなどに汚れが付着し通行する道路を汚してしまう問題を解消するために開発した「タイヤ洗浄機能付トラックスケール」や、トラックを計量器に載せる際に必要となる車両乗降のためのスロープの高低差と長さを極力抑えた「超薄型トラックスケール」などは、すべて同社がパイオニアだ。また、持ち運びが可能なトラックスケール「ポータブルトラックスケール」は、過積載が大きな問題となっているマレーシアで品質と精度の高さが認められ「型式認証」を取得し、政府公認製品として現地で広く利用されている。

必要なのは「熱いハート」だけ

　計量器自体はニッチな市場といえるが、業界を問わず広く利用される製品であるがゆえに事業の安定性は高いという。「さまざまな規制が行われたり品質向上が求められたりする中、計量器は必需品として恒常的なニーズがあり事業も安定している。実際、新型コロナの蔓延期でも増収増益を確保できた」（岩淵社長）。一方で、まだ参入できていない新たな業界へチャレンジできる環境があると岩淵社長は強調する。「求める人材像は、失敗を恐れずチャレンジできる人。企業ビジョンとして掲げる『常識を壊し、未来をはかる』に共感し、挑戦したい人にぜひ来てもらいたい。熱いハートさえあればわれわれが一人前に育ててい

日本製衡所の主力製品である超薄型トラックスケール

0.1秒を争うレースでは重量のバランスが非常に大事

く」(岩淵社長)。

　従業員数が70名超と決して多くはない分、若いうちからさまざまな経験を積めるのが魅力。提供した製品が顧客のもとで活用されている現場を見に行ける機会も多く、「自ら手がけた製品が役立っているところを目の当たりにできるのは、仕事へのやりがいやモチベーションになる」と岩淵社長は話す。

　また同社では業界でも過積載問題にいち早く注目し、その解決に取り組んでいる。2023年4月にはオウンドメディア「過積載.com」も立ち上げた。今後も過積載問題の解決に役立つ製品やサービスの提供に力を入れていく一方で、食品業界など新たなフロンティアの開拓にも貪欲に取り組んでいく考えだ。

理系出身の若手社員に聞く

誰かの役に立てている実感がやりがいに

生産本部 設計開発課 システム係 主任
山崎 仁志さん
（2017年入社）

　トラックスケールに組み込むシステムの設計・開発を行っています。当初は他業種の仕事を希望していましたが、会社見学でCAD図面や制御盤を見る中で「自分で設計・製作したものを顧客に収める仕事は面白そうだ」と思えたのが入社のきっかけ。新型コロナでリモートでの打合せが増えたことが契機にもなり、顧客と直接話せる機会が増えました。その中で担当者から信頼されていると感じる瞬間もあり、誰かの役に立っているという実感がやりがいにつながっています。

会社DATA

所在地	埼玉県児玉郡美里町小茂田560-1
設立	1971年11月
代表者	岩淵 智宏
資本金	1000万円
従業員数	82人
事業内容	産業用大型はかりの製造・販売・メンテナンス・レンタル事業
URL	https://www.nikko-scale.co.jp/recruit/

株式会社光アルファクス

あらゆる産業分野を支える技術商社

── 蓄積してきた専門知識で最適な"組み合わせ"を提案

＼記者の目／
ここに注目 →

☑ 高度な専門知識を持つFAEが営業活動を支える
☑ FAEが毎月開いている技術勉強会

　光アルファクスは半導体や電子部品を扱う電子デバイス部門を主力に、技術商社として存在感を示す。豊富な商品群とこれらをコンポーネント化して提案できる専門知識、さらに顧客の調達情報をきめ細かく収集し、本当に必要な数を適切な日程で納める「需給の専任部隊」を置いているのが同社の強み。川井啓社長は「半導体不足のこの2年間も顧客の生産ラインを止めたことはない」と胸を張る。

電子デバイス部門が成長を牽引

　全社売上高は486億円（2023年3月期）。この75%を電子デバイス部門が占める。残る25%は祖業の社会インフラ部門と、素材などを扱うマテリアル部門が担う。ただ車載機器や民生機器、産業機器など裾野の広さで電子デバイス部門の存在が際立つが、他部門が低迷しているわけではない。

　社会インフラ部門は産業機器やIT関連機器、映像システムなどを手がける。自動車部品メーカーや工作機械・産業機械メーカーを顧客に持ち、近年はロボット向けのスマートセンサや工場内物流で使われる金属対応のRFID（Radio Frequency Identification）が売り上げを伸ばしている。一方、素材や成形加工品を扱うマテリアル部門は化粧品をはじめ、多用途でシリコーンの需要が増加基調

代表取締役社長
川井 啓さん

という。2020年には東京に「マテリアル研究開発室＝MRD」を開設し、積極的な顧客支援にも乗り出した。MRDは素材の検証、分析、開発実験を受託する。蓄積してきたノウハウで顧客の製品開発を支え、信頼性向上に貢献するほか、自社製品の開発にも取り組む。「商社で同様のラボを持っている企業は珍しい」（川井社長）。

進む知識の共有。広がる活躍の場

　同社ではメーカー出身者を含む技術系社員が営業担当者に伴走して、顧客の技術的な課題を解決に導く。マテリアル部門でMRDの技術系社員がこれを担うのと同様に、電子デバイス部門にはフィールドアプリケーションエンジニア（FAE）、いわゆる技術営業部隊がいる。半導体や電子部品は組み合わせによって特性が変わる。FAEはより省エネ、高い駆動力などを実現する"組み合わせ"を顧客に提案し、開発期間の短縮を支援する役割を担う。

　求められるソリューションは顧客によって多種多様。現在、7人のFAEが70人の営業担当をサポートしているが、時間的な制約もある。そこで電子デバイス部門でも近年、理系人材の採用を強化し始めた。FAEにはノウハウと経験が必要だが、2022年からは社内で技術勉強会も開いている。開催は月1回。FAEらがマニュアルを作り、それぞれの得意分野を教授する。併せて社内データベースで伴走営業の成功事例を共有する仕組みも作った。「今いるFAEは年齢的にもベテラン揃い。新たに育てていきたい」と川井社長。この上で「事象に対して疑問や興味を持てる人に来て欲しい。理系の素養には違った視点がある」と話す。

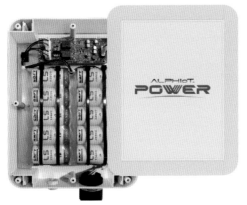
屋外用電源ボックス「アルフィオパワー」

本社オフィス

　2024年度から3カ年の第2次中期計画が始まる。この次の3次計画の終了は2030年3月末。川井社長は「2030年に売上高1000億円を達成したい」と意気込む。この青写真は鮮明だ。毎年、年度初めに全社員に配るハンドブックにも明記している。「東芝のパートナーとして長年歩んできた当社は『光アルファクス＝東芝』の強いイメージがある」（同）。目指すのは東芝製品を核とした取扱商品の拡大、さらにはメーカーの顔を持つ技術商社に姿を変える。2022年には新規事業推進部門が営業担当者の集めてきたニーズを基に災害対策IoT装置などで使う屋外用電源ボックス「アルフィオパワー」を製品化した。これは挑戦の"のろし"だ。「近い将来、『アルフィオの光アルファクス』と呼ばれるようにしたい。理系人材の活躍の場はこれから社内に確実に増えていく」と川井社長は力を込める。

理系出身の若手社員に聞く

社内外で人と関わる営業職に魅力

電子デバイス西日本営業本部
大阪電子デバイス第2営業部
営業第3グループ
山﨑 渓太さん
（2022年入社）

　取引先に商品を提案したり、取引先とメーカーの間に立って納期を調整したり、半導体を中心に電子部品の営業を担当しています。

　大学は理系を専攻していましたので研究職などの道も考えましたが、アルバイトを通じて人と接する業務の楽しさを知り、人と直接関わる営業職を志しました。コロナ禍でオンライン中心の就職活動。この中でも当社には温かい社風を感じ、社会に不可欠な半導体が主力というところで心を決めました。

　社内のいろいろな人と連携して進める仕事はまさに思い描いたもの。顧客に提案した商品が採用され、売り上げが伸びた時には大きなやりがいを感じています。

会社DATA		
所在地	大阪市北区中之島2-2-2	
設立	1948年8月	
代表者	代表取締役社長　川井 啓	
資本金	3億2000万円	
従業員数	300人	
事業内容	電子・電気機器・素材及び部品の販売、並びに据付・保守等の付帯事業ほか	
URL	https://www.hikari-ax.co.jp/	

マブチモーター株式会社

世界5極事業体制で小型モーターを生産
―― 「枠」のない、発想と希望にあふれる職場

\記者の目/
ここに注目 ☑ 幅広い業務経験によりマルチなエンジニアとして活躍
☑ 技術系も事務系も1年目から海外研修でスキルアップ

世界初の高性能馬蹄型マグネットモーターの開発を起点に、小型モーターを多くの分野へ送り出しているマブチモーター。年間約13億個を生産し、うちドアロックなど自動車電装機器用は約75％、電動歯ブラシなどのライフ・インダストリー機器用が約25％を占める。国内含め17カ所に生産拠点があるが、ほぼ全製品を海外拠点で生産している。その17拠点を、「日本」「ASEAN」「中国」「欧州」「米州」と5極に分け、各極の工場で部品生産からモーターの組立てまでを一貫して行う。「リスクヘッジに加え、地産地消も目指しており、輸送コストやCO$_2$排出量の削減にもつながる」と取締役 執行役員 技術統括の宮嶋和明氏は話す。

内製による技術力が強み

体制面では、「3つの軸による自社対応が強み」（宮嶋氏）だ。1つめは前出の各工場で部品生産からモーターの組立てまでを行うという軸、2つめはその部品の金型や生産設備の設計から製造までを自社で行う軸、3つめは製品の生産工程を自社で設計するという軸である。これらの軸を社内に有することで、例えば「静かなモーター」を開発する場合、どうすれば迅速かつ的確に実現できるかがすぐわかり、「品質、コスト面で最適な解

取締役 執行役員
技術統括
宮嶋 和明さん

を導くことが可能」だという。

技術面での強みは、第一に"標準化戦略"のもとで開発していること。同じモーターを自動車電装機器用にもライフ・インダストリー機器用にも使用できるようにすることで、競争力の高い価格による安定的な供給が可能になり、かつ生産工程も標準化することで高品質を維持できる。第二に「小型・軽量」を実現するノウハウを豊富に有していること。モーターが小型・軽量化できれば、それを組み込んだユニットも小型化でき、そのユニットを搭載する最終製品の小型・軽量化につながる。第三はモーターの制御技術を自社で保有していること。「他社ではそのソフト部分を外注化しているケースもあるが、当社は自社で開発しているのが強みであり、今後さらに強化する予定」（宮嶋氏）

近年は静かで長寿命が特徴のブラシレスモーターにも注力し、関連する技術の研究を強化している。

幹部自身が「楽しい仕事」を追求

「何より楽しい仕事ができる」と、宮嶋氏は自身のこれまでを織り交ぜながら、自社の魅力を笑顔で語る。楽しく仕事ができるのは、「枠がない」からだ。

「枠がないと自由な発想が生まれる。組織の枠も超えて、さまざまな仕事を経験することもできる。もちろん、ある分野を深掘りしたければそれも可能」と宮嶋氏がいうように、「希望すれば配属や担当業務の変更を前向きに検討してくれる土壌があること」も、仕事を楽しくする要因の1つだ。年1回実施している自己申告制度では、部門やエリアを飛び越えた希望も出るが、「視野を広

げるためには必要」と極力希望に添うようにしている。

「現在の経営幹部自身が枠を飛び越えて楽しく仕事をしてきたから、どうすれば仕事が楽しくなるのかわかっているのも当社の特徴。仕事を本気で楽しもうと思っている人、自分から行動する人にはぴったりで、特にエンジニアには最高のフィールド」（宮嶋氏）

生産拠点がほぼ海外のため、入社1年目で技術系は5週間、事務系は1週間の海外研修を行うなど、育成制度の充実度も高い。中でも目を引くのがe-ラーニングシステムだ。専門性のある社員

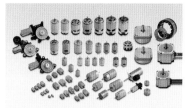
主要製品
ラインナップ

が講師となり、「機械加工」などさまざまな技術を解説する動画講座で、社員はいつでも視聴できる。また、社員の視座を高めるための経営幹部や社外講師による公開講座「カタリスト塾」も好評だ。

「これからも技術面の向上はもちろん、『マブチモーターではエンジニアが輝いている』といわれる会社にしていきたい」と宮嶋氏は抱負を語る。

若手社員に聞く

若くして海外での業務経験が可能

第二生産技術部
山沢 弘人さん（2019年入社）

ベトナムの工場を担当し、現地スタッフとともに収益性改善や生産性向上に取り組んでいます。現地に1年間駐在し、新設備を導入して省人化を実現しました。当社を選んだのは、若手でも海外経験ができるからです。COVID-19の影響で3年間渡航できませんでしたが、その分、本社内で実務経験を重ね、初任地のベトナムで成果を上げられたと思っています。より成果を上げるためにも、次回は3年程度駐在したいです。

性別・年齢関係なくスキルを磨ける

第二ブラシレスモーター開発部
海瀬 可南子さん（2022年入社）

小さい頃からものづくりが好きで、機械の開発に携わりたいと考えていました。自動化が進む中、ものを動かす要となるモーターを開発したくて当社に入社しました。現在、自動車電装機器用のブラシレスモーターの開発をしています。やりがいを実感するのは、チームで検討した製品が採用されたときや、課題解決できたときです。自分が開発に携わった製品によって、人びとの暮らしの充実度が向上することが夢です。技術系の女性社員も増えてきており、性別や年齢を問われない仕事のしやすさに満足しています。

会社DATA		
所在地	千葉県松戸市松飛台430
設立	1954年1月18日
代表者	代表取締役社長 COO　谷口 真一
資本金	207億481万円
従業員数	単体：827人、グループ：20248人（2022年12月末日現在）
事業内容	小型モーターの製造販売
URL	https://www.mabuchi-motor.co.jp/

株式会社ユウワ

精密樹脂成形部品の生産・金型設計はトップクラス
——中国、ベトナムに現地法人、海外に技術発信

＼記者の目／
ここに注目

☑ コネクタやカメラ部品など、繊細な技術が求められる製造・加工で高い技術を持つ
☑ 文系出身者にもエンジニアリングの育成プログラムを展開

ユウワは、精密樹脂成形部品生産を金型製作から一貫して手がけており、スマートフォンやタブレットといったカメラ関連部品や内蔵されるコネクタなどの微細精密プラスチック部品を生産する。現在はコネクタ装置の組立までも行う。デジタルデバイスは、持ち運びに便利な軽薄短小化と同時に高機能化も進む。コネクタの金型など、ミクロン単位の精度と繊細な技術が求められる製造・加工技術は世界トップクラスを誇る。また、生産効率を高める省力化設備の開発や導入なども積極的に行っている。

事業転換が拡大の契機に、グローバル経営も展開

渡辺稔社長が「日本、中国、ベトナムに工場を持ち、世界規模のマーケットに対応している。技術レベルや製品の大きさから判断し、最適地での生産をお客様に提案している」と語るように、グローバル経営も展開し競争力を高めている。2003年に中国、2009年にはベトナムに工場を建設し稼働した。2019年には富士フイルムとの合弁会社富士フイルム・ユウワ・メディカル・プロダクツ・ベトナムを設立し、医療分野にも進出。さらなる発展を続けている。

同社は1975年に設立。当初は通信機用のリレー部品を手がけていたが、2000年ごろから携帯電話用のコネクタに転換した。主力のフレキシブルプリント基板（FPC）コネクタ用金型のコアピンは髪の毛より細く微細で、精密な技術が必要とされる。金型1セットを製作するのに部品点数は最大で1500以上に上るのだが、難易度の高い部品製造実績と累積誤差を限りなく「ゼロ」にする技術は差別化につながり、顧客拡大に寄与している。

ユニークな育成方法、未経験者でも働きやすい環境づくり

社員の育成方法はユニークだ。少子化の影響でエンジニアに必要な機械を専攻する学生が減少しているため、男性・女性を問わず文系出身の社員にも裾野を広げ教育に当たる。「『コツ消し』と名付けて、難易度の高い技術でも全社員が習得できるよう技術の勘やコツをつぶし、手順に落とし込んでいる」と渡辺社長が話す通り、未経験者でも働きやすい環境づくりに取り組んでいる。今後日本の市場は縮小の一途を辿る。企業は海外に需要を求めていくことになる。また、少子高齢化はさらに悪化し労働者不足の問題は深刻さを増す。ユウワベトナムのメンバーを日本へ企業内転勤させ、日本ユウワの人材不足を補うことで、日本人と外国人が融合して世界の市場へと展開している。

環境経営にも力を入れる。工場で使用する電力は再生可能エネルギー由来の「信州Greenでんき」に切り替えた。長野県の信州Greenでんき拡大プロジェクトにも参加し、地元に貢献しつつカーボンニュートラル達成を目指していく。さらに、本社工場屋根自家消費を含む太陽光パネルの設置などインフラ設備を整備しさらなる消費電力削減を進めている。

代表取締役社長
渡辺 稔さん

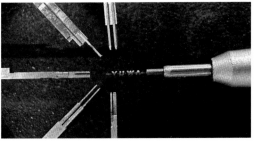

シャープペンシルの芯（0.5mm）と比較した金型加工部品　　超精密金型加工技術　指先に乗せることができるくらいの大きさ

機械技術の修得に日々努力、海外勤務が将来の夢に

金型事業部 金型加工1課
マシニンググループ
佐藤 涼さん
（金沢工業大学卒 2015年入社）

　大学時代は機械関係を専攻しました。社会人になっても学んだ技術を活かしたいと思い、入社を決意しました。実際に機械を操作してみると想像以上に難しく、最初は戸惑うことが多かったのですが、研修で先輩から親切に指導していただきました。

　現在は大小多様な部品を加工する業務を担っています。携わった製品が使われているのを見ると、社会貢献になったと自信になります。将来はベトナムでの勤務を希望していて、ベトナム語の習得を目指しています。今の技術をさらに磨き、グローバルな舞台で活躍したいです。

文系出身者をエンジニアに、育成プログラムを展開

金型事業部 金型加工1課
マシニンググループ
池野 恵さん
（和光大学卒 2022年入社）

　多くの社員が活躍できるように、同社は文系出身者にもエンジニアとしての育成プログラムを実施している。プログラムに参加した2022年入社の池野恵さんに話を聞いた。

　大学では社会学を専攻した池野さん。「自分自身モノづくりに興味があったことと、女性社員が多数在籍されていることに魅力を感じ入社を決めました。面接時にお誘いいただき、現場の方々のお話を伺い、私自身も挑戦してみようと思いプログラムを受けました」と振り返る。

　プログラムを受ける前は「工場」や「機械」に男性向きの分野とのイメージが強かったが、プログラムを通して「性別や理系文系に関わらず活躍の場が広がるものだと感じました」と意識が変化した。

　同社の製品は身近なものに使われるため、実際に製品になったものを見るとやりがいもひとしお。今後について、「自分自身の技術を向上させ、後輩の育成にも取り組みたいと考えています」と展望する。

会社DATA		
所在地	長野県小諸市西原700-1	
設立	1975年3月22日	
代表者	代表取締役社長　渡辺 稔	
資本金	4400万円	
従業員数	1960名（連結）	
事業内容	プラスチック成形用金型設計・製造、プラスチック成形加工	
URL	http://www.yuwa-net.co.jp/	
関連会社	友華精密電子（呉江）有限公司、YUWA VIETNAM CO.,LTD.、FUJIFILM YUWA MEDICAL PRODUCTS VIETNAM COMPANY LIMITED	

三和シヤッター工業株式会社

シャッター・ドア業界を牽引する企業
──建材で防災・環境負荷軽減に貢献

＼記者の目／
ここに注目 →

☑ 業界最先端の領域で若手が活躍
☑ チームで開発　フォローし合える体制を確保

省エネやCO₂の削減につながる商品を開発

三和シヤッター工業は、シャッターやスチールドアにおいて国内トップシェアを誇る総合建材メーカー。三和ホールディングスの国内における主力事業会社で、グループとしては、国内に加え、北米、欧州、アジアで事業を展開している。2030年までの長期ビジョンに「高機能開口部のグローバルリーダーへ」と掲げる通り、国内外問わず、強い存在感を放つ建材グループだ。

国内では都市部を中心とした再開発プロジェクトや物流施設、工場などの建設が堅調で、主力の産業用シャッターやスチールドアが順調に売上を伸ばしている。また、近年注目を集めているのが防災・減災に効果を発揮する商品で、激甚化する自然災害に対応するため、耐風圧性能の高い窓シャッター「マドモア耐風ガード」や、防火・防煙・防水の性能を併せ持つ「ウォーターガード防水シャッター（防火・防煙タイプ）」などを展開。災害時などの不測の事態にも損害を最小限に抑え、事業継続計画（BCP）が求められる中、さまざまな企業から引き合いが増加している。さらに、2023年には省エネルギーや二酸化炭素（CO₂）の削減に貢献する高断熱商品「Re-carbo

（リカーボ）シリーズ」を展開。断熱性能を向上させたパネル式のシャッター「高断熱オーバースライダー」や高速開閉が可能なシート式シャッター「断熱クイックセーバーTR」をラインアップした。環境に配慮した商品として注目される。

"動く建材の商品開発"

同社の電装開発部は"動く建材の商品開発"について中核を担う。かつては手動開閉が主流だったシャッターは、現在ではどなたでも簡単に操作できる電動タイプの人気が高い。電装開発部の中でも電装システム課では、そのような電動シャッターの事故を未然に防ぐ機構に加え、そのほか、さまざまな新商品の開発や改良に取り組んでいる。1人で複数テーマを受け持つが、1テーマに少なくとも2人以上のメンバーが関与し、複数人で確認し合うことでミスの発生を抑えている。また、メンバーが体調を崩すなど不測の事態が発生した際にも、メンバー間でフォローし合える体制を敷いている。同課の大塚啓成課長は、「商品開発や改良のテーマを決める際には、新たに挑戦するテーマを1つ以上設定させる」と話す。そうすることにより、経験を積むだけでなく、個人としての成長のチャンスもつかむことができる。

近年、同社が力を入れているのが、モノのインターネット（IoT）化だ。住宅内のテレビやエアコン、照明やシャッターなどをインターネットでつなぎ、スマートフォンやスマートスピーカーを通じて制御する。シャッターの開閉だけでなく他の通信機との連動も必要になるため、「これまでにない知識と検証方法が必要」（同）という。

電装システム課には若手社員が集まっており、

電装開発部
電装システム課 課長
大塚 啓成さん

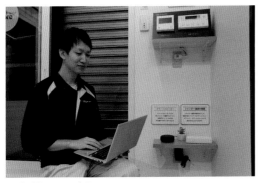
IoT化が進んでいる商品

しっかりとコミュニケーションをとりながら仕事を進めていく

「積極的に新しい技術を取り込む風土がある」（同）という。業界トップをひた走る同社の中でも最先端の領域で、商品開発に携わる。

また同社では、新卒入社の場合、「人材育成プラン」に基づく実務研修が行われる。同課に配属される場合は、研修中に製造と設計、そして施工部門を経験し、シャッターなどの構造や製造工程全般に関する知識やスキルを習得する。中途入社の場合は先輩社員がサポートに付くことで、さまざまな商品や会社全体に関する知識を身につける。大塚課長は共に働くメンバーに、「何かに熱中し、継続して取り組んだ経験がほしい」と話す。趣味や部活、アルバイトなど、何かに継続して取り組んだ人には集中力がある。学校で学ぶ基礎知識は大切だが、入社後にたくさんのことを学び、いろんなことを吸収しようと意欲を持って取り組める人材を求めている。

理系出身の若手社員に聞く

商品の完成まで見届けられる

電装開発部 電装システム課
岡田 貟摩さん
（2022年入社）

電動窓シャッターやIoTに関するさまざまなテーマの開発に携わっています。前職ではファクトリーオートメーションの電気制御の設計などに携わっていましたが、システムの一部ではなく、1つの商品の完成まで見届けられる開発をしたいと思い、三和シヤッター工業に転職しました。入社すると、想像以上にシャッター全体に関する知識が必要で驚きました。

電装システム課はIoTに関して当社の中で最も進んだ取組みをしています。今後、この知識、経験を活かしてリーダーシップを発揮していけるようになりたいです。

会社DATA		
所在地	東京都板橋区新河岸2-3-5	
設立	1956年（持株会社化により2007年設立）	
代表者	代表取締役社長　髙山 盟司	
資本金	5億円	
従業員数	3057人（2023年3月）	
事業内容	各種シャッター、ドア、オーバーヘッドドア、住宅用窓シャッター、間仕切、エクステリア、ステンレス商品などの製造および販売、施工、メンテナンス	
URL	https://www.sanwa-ss.co.jp/	

高砂熱学工業株式会社

環境革新で、地球の未来をきりひらく
——創立100周年を迎え、「環境クリエイター®」企業へと事業を拡大

＼記者の目／
ここに注目　→
- ☑ 脱炭素社会のニーズに応える業務内容と技術力
- ☑ 社員一人ひとりの声を聞き会社を変える「全員参加型経営」

空調設備でさまざまな環境を創造する高砂熱学工業は、東京駅丸の内駅舎や六本木ヒルズ、国立競技場など、日本を代表する施設の空調設備工事を手がけてきた東証プライム上場企業だ。オフィスの空調以外にも、クリーンルームやドライルーム、医療現場への安定的エネルギー供給設備、地域冷暖房など、さまざまな場面で同社の技術が活躍している。

同社の小島和人社長は、自社のこれまでを振り返ると「空気調和を日本社会に広めてきたスタートアップ企業」だと位置づける。今でこそ誰もが知るクリーンルームも、日本においては同社の提案からはじまった。また最近の例ではEV用二次電池製造の阻害要因となる空気中の水分を除去する「ドライルーム」や、シャーベット状の氷で魚の鮮度を保ったまま遠くまで流通させる「SIS-HF」など、空調から生まれた同社の新技術が、多くの分野で不可能を可能に変えた。このように、社会にまだない新しい価値を創造する、マーケットを見てつくるのではなく、未来に必要なものを論理的に考え、提案するのが同社のDNAであり、「スタートアップ」という言葉に象徴されるものだ。

代表取締役社長
小島 和人さん

空調で培った技術で、カーボンニュートラルの実現に貢献

2023年に創立100周年を迎え、次の100年に向けた取り組みも始まっている。

まず事業・技術面では、これまでの事業の柱である空調設備事業を核に「建設事業」、「環境機器製造販売」、「設備保守管理事業」、「カーボンニュートラル事業」の構築とDXによる連携を行っていく。空気調和で培ったコア技術に、水素・エネルギーなど新たな事業領域を加え、「環境クリエイター」という言葉に示される総合的な環境創造企業へと、より大きなビジネスモデルを描いていく。これは、同社の企業文化であるスタートアップの精神を、より鮮明にするものでもある。

世界的な脱炭素への動きは、空調・熱など同社のコア技術と親和性が高く、新しい価値を提案する上で格好のステージとなる。従来の温熱環境制御に加えて水資源の削減・再利用、また熱・エネルギー分野では水素の製造・利用、CO_2の回収・固定化、排熱利用、エネルギーマネジメントシステムなどを新たな事業に育てていく考えだ。特に製造業はこれから、クリーンなエネルギー・製造環境設備で製造を行わなければ、国際競争力を失う可能性が高い。そのためすでに、脱炭素時代に対応した製造設備の相談が同社に寄せられているという。

また、宇宙スタートアップ企業、ispace社との連携で、当社は世界初の月面環境での水素と酸素の製造に挑戦するといった夢のある取り組みも行っている。

社員の多様な声に耳を傾ける経営

　空調技術は建物内に構築される。そのため同社業務は、建築現場での施工管理がメインである。しかし多くの建設系企業が40歳を過ぎないと現場所長になれないのに対し、同社では30歳以下で現場所長として、大きな権限が与えられる例もある。女性の現場所長も増加しており、やりがいを求める人にとっては魅力的な職場となるだろう。たとえ同社の事業分野と専攻分野が違っても、ゼロから何かを生み出した経験が大いに活きると同社。また今後は事業を拡大する中で、農業やバイオ、化学など幅広い分野から人材の登用を図っていく。

　人材に対する考え方は、全社員参加型の経営スタイルに表れる。行動指針やパーパス（存在意義）を若手から役員までの全社員参加型で策定。社員の主体的な参加と多様な意見に基づいて会社を変えていく経営のあり方を示して見せた。業務環境

民間月面探査プログラム「HAKUTO-R」

に関する聞き取りや、女性社員が一堂に会した「TakasaGo! Woman Pride 2023」なども実施、社員からの意見が社則改定や環境改善につながった例も出てきている。「社員の声が集まったものを経営が判断し、変わっていく会社になるべき」と小島社長。

　老舗企業の安定感と大胆な改革、時代が求める事業内容と社員一人ひとりの意思を尊重する経営、これらが同社の魅力だと言えよう。

理系出身の若手社員に聞く

巨大現場を仕切っていく経験が、大きな自信と感動に

技術4部 技術1課
松崎 浩典さん
（広島大学 工学部
第四類建築学課程卒 2019年入社）

　入社2年目より都心の超大型再開発建設プロジェクトに配属となり、現在入社5年目。いきなりの巨大現場に最初は面を食らいましたが、空調設備の施工図修正、他社との作業調整、進行・工程管理、協力会社のマネジメントなど一連の業務を経験し「この先はどの現場に行っても大丈夫！」と思えるようになりました。

　作業計画が狙い通りに進み、図面の中の建築物が実物となって目の前に現れた時は、感動もひとしお。ものづくりで大きな仕事を成し遂げたい人、環境設備に興味のある人には最高の職場です。

会社DATA

所在地	東京都新宿区新宿6-27-30
設立	1923年11月16日
代表者	代表取締役社長　小島 和人
資本金	131億3400万円
従業員数	2166人（2023年3月末　単体）
事業内容	建設・設備工事関連／プラントエンジニアリング
URL	https://www.tte-net.com/index.html

丸ヨ建設工業株式会社

地域密着型ゼネコン、ターゲットを絞り大手と差別化
——4000件の実績を未来へつなぐ施工管理の担い手を育成

\記者の目/
ここに注目 ➡

☑ 老舗企業だからこそ持つネットワークが強み
☑ 大手と競う企業へ飛躍するための若手を育成

ゼネコンという立ち位置を変えることなく、攻める2大ターゲットは工場とクリニックだ。「ゼネコンとしてどのような物件でも請け負う体制は整えている。しかし、限られたリソースで効率的に事業を継続していくとなると、強みとなる分野が必要」と蒲野社長は話す。創業が1921年（大正10年）の老舗企業だ。施工実績は4000件超。西三河の中心都市である岡崎市を基盤とし、愛知県の中部、西部エリアで事業展開する。公共施設や事務所、工場、クリニック、マンション、注文住宅とゼネコンの名に恥じない実績を誇る。

昭和の激動期を乗り切り、順風満帆だった同社も平成に入り、一時期は業績不振にあえいだ。「ゼネコンだから手広く仕事を請け負ったが、それが仇になった」と蒲野社長は振り返る。2016年に現職を引き継いだ蒲野社長はスーパーゼネコンと差別化を図り、数億円単位の物件をターゲットにした。「お客さま、エリア、提供する商品・技術を決めれば、おのずと事業は定まってくる」（同）

西三河は自動車産業が集積するモノづくりの土地柄。製造業がひしめき、完成車メーカーとともに部品サプライヤーの工場も増え続けている。人口も増えつづけており、サービス産業も盛んだ。その地域の需要にあったターゲットが工場・倉庫とクリニックだ。創業100年の実績は地域に

代表取締役
蒲野 功樹さん

強力なコネクションを築き、常に2、3年先の受注残を抱える健全経営に転換を果たした。

将来を担う若手、施工管理を任せたい

丸ヨ建設工業が今、もっとも必要としている人材は施工管理ができる若手だ。施工管理は建設現場に関わる一切合切を取り仕切る仕事。工事の進捗管理はもとより、作業者の安全管理、各種届け出にも責任を負う。「施工管理技士」の国家資格もあり、いわゆる現場監督と管理者との立場を掛け持つ最高責任者だ。建設会社にとっては生命線ともいえる職種で、施工管理の人材の能力が受注件数にも影響するが花形とも言うことができ、もっともやり甲斐を感じられる仕事だ。しかし、そうした仕事ゆえ、同業者との人材獲得競争も激しい。

「まずは"丸ヨ"という名前を知ってもらいたい。そこから勝負をしかける」（同）。デジタルサイネージで積極的にPRし、本社屋上には社章と社名が記され航空撮影の地図からもそれらを確認できる。学生を中心にまずは"丸ヨ"を目にして、耳にしてもらい、そこからSNSで発信した情報を知ってもらう戦略だ。

入社後は「さまざま現場を経験してもらいたい」（同）。同じ現場はなく、現場それぞれに個性がある。現場ごとに教育係がつき、工事や事務のイロハを学ぶ。その中で、社内や協力会社との信頼関係を築いていく。そこに経験を重ねることで、現場が作られ、同社の実績と信用、そして地域貢献につなげる。

三河の工場建設に実績多数

活発な議論がかわされる研修

前を向いて歩こう

　若手の教育は基本的に現場に任せるが、年に2回は蒲野社長が直接、話を聞く機会を持つという。「若手ならではの悩みもあるし、私にとっても現場の状況も知ることができる」と蒲野社長は狙いを明かす。また若手を教育する中堅社員にも教える者としての自覚を促す機会となっている。

　地域密着型の同社は本社と名古屋支店の2拠点を持つ。物件によっては期間限定で現場近くに滞在することはあっても転勤はない。採用は文系、理系を問わず、「大事なのは元気と健康」と求める社員像を蒲野社長は話す。

　今、大手ゼネコンが地方の中小物件を積極的に受注している。同社としても大手と競合することは今後、避けられない。同時に大手に真っ向勝負を挑む企業に成長していくことが目標でもある。未来の同社を支える人材を今こそ採用して育成したい。その思いをこめて"前を向いて歩こう"と蒲野社長はメッセージを発信する。

理系出身の若手社員に聞く

建設する喜び

工事部
安田 晃弘さん
（2022年入社）

　自宅は当社の施工です。営業の方の仕事ぶりを見て、入社を決めました。入社して2年目で現在、4カ所目の現場を踏んでいます。現場を監督する上司のアシスタントとして連日、学ぶことばかりですが、建物ができていく様子を間近で見ることができるのがこの仕事の醍醐味と楽しさです。普段は現場に通っていますが、社員旅行やバーベキューなどのレクリエーションを通じて先輩社員とは仲良くさせてもらっています。相談しやすい先輩が多く、"熱い人"が多いのが当社のいいところだと思います。

会社DATA

所在地	愛知県岡崎市戸崎町字郷畔20
設立	1921年（大正10年）5月
代表者	代表取締役　蒲野 功樹
資本金	5000万円
従業員数	32人
事業内容	総合建設業、不動産
URL	https://maruyo-recruit.com/

株式会社キャドマック

40年以上続く、職人の「頭の中」を数値化する挑戦
――一つひとつの現場に向き合い板金加工メーカーの進化・成長をソフトウェアでサポート

\記者の目/
ここに注目

☑ 目に見えない、言葉にもできない「職人の技」を形にする難しさと面白さ
☑ 社員それぞれの生活を第一に考えた、働き方改革を推進

　街中にある工場の看板で「板金」(ばんきん)という文字を見かけたことがある人もいるだろう。板金とは読んで字のごとく金属の板を加工し、立体の部品を作り出す加工法のこと。具体的にはレーザ加工機で板を「切断」し、その切り出した板をベンディングマシンで「曲げ」、それらの部品を溶接で「つなげる」ことでさまざまな形を作り出す。製造された部品は自動車や建築、電子関連など幅広い分野で使用されており、日本の製造業を支える代表的な加工技術の1つだ。キャドマックはそんな板金加工専門ソフトの開発・販売を約40年にわたって手がける。

職人の技術を残し、進化させるための3次元ソフト

　「金属を切って、曲げて、と言葉では簡単に言えますが、そこには必ず金属独特の塑性が作用する。職人はその影響を考慮しつつ勘・コツで調整をしますが、私たちの仕事は言わばこの頭の中で行われる調整を数式化してソフトの中で再現していくことです」そう話すのは髙垣内昇社長。当初は2次元CADを中心に開発していた同社だが、2011年頃からは3次元CADが開発の中心となっている。たとえば今注目の3次元展開用CADソフト「MACsheet SEG5」は作りたい形状を立体

化(3Dモデル化)し編集、そのうえで展開図面を作成することができる。直感的な操作が可能で、細かな修正も簡単だ。

　板金加工の現場で長年活躍してきた職人は、図面から3次元形状の部品を頭の中で想像し、加工ができていた。しかしこのような職人は減少の一途で、製造する部品の形状も時代とともに複雑化している。また従来なら板金ではあまり扱わなかった厚板も機械性能向上を求める顧客から注文が増えてきた。今後3次元に対応したCADソフトの需要はますます高まっていくはずだ。

　そのほか、レーザ加工におけるネスティング機能を強化したCAD/CAMソフト「MACsheet IST」や曲げ加工のシミュレーションを行う「MACsheet BEND」、さらにクラウド型生産管理システム「Taktory」など、板金加工をサポートするソフトを幅広く展開。かゆい所に手が届く、利便性の高いソフトを開発する秘訣は「いかに現場に出向きお客様の話を聞くかだ。

　「どのソフトも開発後お客様の意見を聞きながら何度もバージョンアップをしてきました。板金加工と一口に言っても、それぞれのお客様の抱えている課題は違う。できる限り多くの現場で活用いただけるよう工夫を凝らすのが開発者の腕の見せ所です。お客様は、当社にとって共同開発者ともいえます」(髙垣内社長)

コロナ禍すらチャンスに。誰もが働きやすい社内改革を実施

　同社の「変えていく」ことへの柔軟さは近年の働き方改革にも表れている。2020年、コロナ禍を発端に在宅勤務を取り入れた。さまざまなコ

代表取締役社長
髙垣内 昇さん

従来の職人がこなしてきた、立体の想像と図面化をソフトで実現。現場の生産性向上に貢献する「MACsheet SEG5」

YouTubeを積極的に活用し、ソフトの特色や活用イメージをわかりやすくPR

ミュニケーションツールやサービスをその都度取り入れて整備。今では社員の多くが積極的に在宅勤務を取り入れている。

また、直接の営業訪問ができないという状況をきっかけにオンラインを活用した商談やウェビナーを積極的に開催。なかなか伝わりにくいソフトウェアの特徴や利便性をPRするためにYouTubeチャンネルも開設した。30秒程度の専用CM動画などを公開し、入り口を広げるよう挑戦を続けている。

コロナ禍をきっかけとした上記の改革は多くが若手社員からの発案によるものだ。「何事も挑戦あるのみ。やりたいことをやって、思い切り失敗してほしい。それをバックアップするのが、会社の義務であり自分たちの仕事ですから」と髙垣内社長は言い切る。

現在、同社の目標は溶接関連の新たなソフト開発に着手すること。溶接の職人が精度の高い溶接を行うときに重視するのは何と、「匂いと音」!とのこと。さて、それをどう数値化するか、どんなソフトを開発すれば溶接職人の仕事を再現できるのか。課題は山積しているが、その分やりがいも大きい。今までにないソフトを、確実に必要とする場所に届ける。加工技術への好奇心と新しいものを作り出すことに達成感を持つ人材にはこれ以上ない環境だ。

理系出身の若手社員に聞く

家族と生活、そして仕事とやりがい。
すべてを大切にできる環境

開発部 主任
倉岡 めぐみさん
（2021年入社）

主に板金加工に関する製品関連ファイルを一括して管理するソフト「MACsheet DataPocket」などの開発・バージョンアップなどを手がけています。小さな娘がおり仕事と家庭を両立できる環境を探していたのですが、面接時に「子供さんを第一に」と言ってもらい、入社を決めました。

業務で一番重要なのは「本当にそれは現場で使いやすいか」を実際の現場の使用状況と照らし合わせて考え抜くことと、とにかくやりたいことは挑戦すること。いつでも応援してもらえますし、皆からコメントをもらえるので日々やりがいを感じています。

会社DATA		
所在地	東京都港区芝浦3-9-1
設立	1993年
代表者	代表取締役社長　髙垣内 昇
資本金	2200万円
従業員数	42人
事業内容	シートメタル用3次元CADソフトウェア製品の開発、販売
URL	https://www.cadmac.net/

株式会社Ｃ＆Ｇシステムズ

自由闊達にグローバルニッチに挑戦
──工程管理ツールでモノづくり産業を下支え

\記者の目/
ここに注目 →
- ☑ 技術開発には知識だけでなくコミュニケーションも大切
- ☑ 人に優しく、居心地良く、IT業界で成長目指す

生産性の限界に挑戦する–を社是に掲げるＣ＆Ｇシステムズは、その社是の通り日本のモノづくりを支え続けている。金型向け国産CAD/CAMシステム大手として、国内外の製造現場に欠かせないソリューションツールを提供する。一方でIT人材の育成にも力を入れており、企業と社会に貢献できる人材こそが、グローバルニッチトップに欠かせないと考えている。

中堅・中小企業にもIT導入

同社は金型向け国産CAD/CAMシステム大手だが、製造業の空洞化とそれによる国内需要縮小で事業の新たな柱を模索してきた。塩田聖一社長は「金型に隣接する市場には量産に関わる多くの分野がある。それら分野の高度化をお手伝いして国内製造業を下支えしたい」と話す。

着目したのが工程管理システムだ。近年急速にIT化が進む製造現場も、工程管理は表計算ソフトを使うことが一般的で、顧客からはCAD/CAMとの連携を望む声が多かった。2004年に工程管理システム「AIQ（アイク）」を発売したが、CAD開発部工程管理開発課の田代勝法課長によると「ユーザーインターフェイスが古く、競合他社と差別化できていないなど課題が多かった」という。

そこでアイクの改良に取り組み、14年ぶりに

CAD開発部
工程管理開発課
課長
田代 勝法さん

リニューアルした新アイクを2018年に発売した。新版は製造現場の作業計画や進捗（しんちょく）、評価などを課題ごとに分類し、優先度を付けるようにした。また基幹システムと連携でき、スケジュール管理や原価計算などをシステム化することで、大規模投資が難しい中堅・中小製造業でも導入できるようさまざまな工夫を凝らした。

IoTやビッグデータ技術を活かして、熟練者の経験や勘による製造現場の工程管理を体系化することにも成功。高額な専用システムの導入が不要で、人材不足で技能伝承が遅れている金型製造現場の効率化を実現した。

クラウド、AIの活用始まる

アイクを開発する工程管理開発課は現在7人体制。5軸制御マシニングセンタ（MC）に対応するCAD/CAMシステム「CAM-TOOL」、2次元・3次元融合CAD/CAMシステム「EXCESS-HYBRID II」といった主力事業とは異なり若手中心の少数精鋭だが、その分「自由闊達に意見し、自分たちが作りたいものを作り上げる体制が整っている」（田代課長）という。

今後の課題はクラウド化や人工知能（AI）の活用だ。特にAIによる思考支援が進めばシステム利用者の能力を最大限に発揮できるため、さらなる生産性向上が期待できる。その第一弾として2023年末に「AI類似画像検索機能」を投入した。

求められる理工系人材は情報工学の技術者。最近人気のデータサイエンス関連の人材も魅力と考えている。工程管理は今でも技能者の経験や勘に頼る現場が多く、課のメンバーはサポートとして顧客の現場に足を運ぶことが多いという。このた

アイクはスケジュール管理や原価計算などをシステム化することで、中小製造業でも導入しやすくした

松本さん(右)は『叱らない』をモットーに指導。山本さん(左)は「居心地がよい職場環境」が気に入っている。

め「知識だけでなく、社内外の人とのコミュニケーションも大切になる」(田代課長)と話す。今はまだ全社売上高に占める比率は主力製品に比べて低いが、「第3の柱に育て、近い将来は売上高に占める比率をより高い水準に成長させていきたい」と意気込む。

若手社員に聞く

居心地がよく、新卒も戦力として仕事を任せてくれる

CAD開発部 工程管理開発課
山本 哲平さん(2023年入社)

　大学の工学部を卒業して、新卒で当社に入社しました。現在はコーチャーの松本さんの指導を受けながら、デスクトップアプリの機能開発を行っています。大学時代はプログラミングを学んでいたので、地元の福岡県で学んだ技術を活かすことができる当社を就職先に選びました。

　今の職場はとても居心地がいいです。新卒の自分にも仕事を任せてもらえるのですが、まだ指示されたことしかこなせません。一層高い戦力になれるよう学んでいきたいと思っています。

叱らず、干渉し過ぎず、丁寧な指導を心がけている

同開発課
松本 恋さん(2016年入社)

　山本さんのコーチャーを担当しています。高卒で入社し、一年目はプログラミングの知識がなかったため苦労したのですが、当時のコーチャーがとても優しく指導してくれて今があります。人は叱っても育たないので私も干渉し過ぎないよう、わからない点をていねいに教えるようにしています。

　当社は人に優しい会社です。自らの裁量で仕事ができますし、公私の区別も明確です。私自身はクラウドやネットワーク関連の知識を身に付けてIT業界でより成長していきたいと思っています。

会社DATA

所在地	福岡県北九州市八幡西区引野1-5-15 東京都品川区東品川2-2-24
創業	2007年(前身の旧コンピュータエンジニアリングは1978年)
代表者	代表取締役社長　塩田 聖一
資本金	5億円
従業員数	約250人(連結)
事業内容	CAD/CAMシステム、生産管理システムなどの開発・販売・サポート
URL	https://www.cgsys.co.jp

東京水道株式会社

日本最大級の水道トータルサービス会社
──培った高度な技術で水の安定供給を支える

＼記者の目／
ここに注目

- ☑ 東京都水道局からの業務移転により着実な事業規模拡大を見込む
- ☑ 大手ハウスメーカー提携の高品質な社員住宅や奨学金返還支援制度など福利厚生が充実

　約1,400万人の都民に安全でおいしい水を安定供給する。それが"水道のプロフェッショナル"である東京水道の使命だ。水源の保全や浄水場の管理、水道管路の整備といった水道に関わる現場業務に加え、顧客窓口であるコールセンターの運営や水道料金の徴収などのサービス業務をトータルで担う。東京都が約80％を出資する安定した経営基盤の会社であり、今後の成長を見越して人材確保のためのさまざまな改革に着手している。

安定成長を見込める稀有な企業

　同社は2020年に、東京都水道局の業務を一体的に受託する受け皿として、それまで東京都水道局の業務を請け負ってきた東京水道サービス（株）（技術系業務を担当）と（株）PUC（営業系業務を担当）の2社が合併して誕生した。現在も東京都水道局からの業務移転が続いており、今後も着実な事業規模の拡大が見込まれている。「ITバブルの崩壊や東日本大震災、コロナ禍など数年おきに危機的状況が発生する現代において、成長が約束されている稀有な企業だ」と野田数社長は強調する。

　東京都の水道は世界的に見ても高度に管理・運営されている。指標の1つである漏水率は3％前後で、24％のロンドンや8％台のニューヨークな

どと比べると格段に低い。また東京都の水道水は「高度浄水処理」と呼ばれるオゾンの酸化力や生物活性炭の吸着力を活かした高い技術により、安全性や美味しさを高めているほか、国が定める水質基準を上回る独自水質目標を設定し、この目標を達成するよう日々努めている。「単独の水道事業としては日本最大のスケールメリットを活かして、管路の耐震化や高度浄水処理の導入など、切れ目のない設備投資を続けてきた結果」と野田社長は語る。

地方出身者も安心の福利厚生

　そんな同社が力を入れているのが働きやすい職場環境の整備だ。社員住宅の拡充や入居できる年齢の引き上げ（40歳まで）のほか、大手ハウスメーカーと提携し、質の高い物件を用意するなど、地方出身者が安心して働けるようサポートしている。2023年度からは奨学金返還支援制度もスタート。「入社したからには、できるだけ長く働いてほしい」（野田社長）との思いから福利厚生を充実させている。

　2022年度は、大学生をはじめ高等専門学校や工業高校の卒業生を中心に65人の理工系学生を採用。水道管路整備などを担う土木職、浄水場の管理を担う設備職、水質管理を担う環境職、水源管理を担う林業職、などの現場業務に加え、都の政策実現のための企画・調整を行う業務など幅広い活躍の場が用意されている。

　各種研修制度がある点も特徴だ。東京都水道局との合同研修のほか、独自の研修など全50講座以上を実施することで社員のスキルアップを後押しする。資格取得の支援制度や、文系出身者が技

代表取締役社長
野田 数さん

術系の職種に転換できる制度も用意している。技術系の職種に占める女性の割合は1割強ほどだが、80％以上という高い有給休暇の取得率や産休・育休制度が充実している点をアピールし、今後は女子学生の採用も増やしたい考えだ。

2023年は、1898年（明治31年）に東京の近代水道がスタートして125年目。長年かけて築き上げてきた水道技術をこれからも維持・発展させるため、同社では社員一人ひとりの技術レベルの向上が求められており、若手の成長がそのカギを握る。東京都水道局からの業務移転により、会社の規模が拡大している時期でもある。「若い社員

東京水道グループ一体となった人材確保・育成

が活躍できる仕事がどんどん生まれている。このような当社を『おもしろい』と思ってくれる人に、ぜひ応募してもらいたい」（野田社長）。

若手社員に聞く

日々変化する現場状況を把握しながら挑戦しています

水道技術本部 管路整備部 工務課
三井 美咲さん（2017年入社）

大学在学時、水資源を専攻しており、水に関わる仕事に興味を持ち入社しました。

入社から6年間設計業務に従事し、現在、工務課に所属しています。これまでに経験のない本社の統括部署として、水道管路整備業務に関わる各業務の執行状況の管理をはじめ、日々変化する現場の状況を把握しながら関係部署との調整を担当しています。

各部署との調整には、設計、工事の知識が必要となるため日々勉強中ですが、業務が円滑に進められよう各現場を支える仕事としてやりがいをもって取り組んでいます。

水道事業の最前線で、持続可能な社会に貢献

多摩水道技術本部 多摩管路部 管路設計課
川村 怜音さん（2017年入社）

私は、管路の耐震化工事の設計業務を行っています。具体的には、関係機関調整や契約に必要な図面作成、積算業務などです。神経を使いますが、その分やりがいがあります。水道事業は都民生活に直結するため、社会貢献している実感を得られるのも当社の魅力です。また、地方出身者には嬉しい、満足度の高い社員住宅など福利厚生も充実しています。進路決定で重要なことは実際の職場を「体験する」ことです。是非インターンシップなどを通じて、自分の目で見て、体験してみてください。

会社DATA

所在地	東京都新宿区西新宿6-5-1
創業	1966年8月
代表者	代表取締役社長　野田 数
資本金	1億円
従業員数	約2800人
事業内容	管路施設管理、浄水施設管理など東京都の水道事業全般
URL	https://www.tokyowater.co.jp/

株式会社 ADEKA

価値ある「素財」を世界に提供
――化学品から食品まで。暮らしを支える研究開発型企業

☑ 8研究所の基盤技術を核に既存技術拡大と新技術創出へ
☑ 充実した支援体制で研究に従事しながら世の中に貢献できる

「国産の水酸化ナトリウムをつくる」輸入品しかなかった時代に、それにチャレンジしたのがADEKAだ。食塩の電気分解で苛性ソーダの製造に成功し、製造過程で副生する水素でマーガリンを、塩素で基礎化学品を手がけるようになった。そのチャレンジ精神と創意工夫あふれる技術力が、同社のDNAだ。現在は樹脂添加剤や情報・電子化学品、機能化学品などを扱う「化学品事業」、業務用油脂や製菓・製パン向け素材を扱う「食品事業」、農薬・医薬品向けの「ライフサイエンス事業」の3領域で事業を展開。国内には、工場6拠点、研究所3拠点、支社・支店・営業所5拠点を抱えるほか、アジアを中心に世界16カ国・地域に開発・販売拠点を持つ。

KPIを設定し革新的な技術力創出へ

同社の基盤技術は、「樹脂添加剤」「情報化学品」「電子材料」「機能化学品」「機能高分子」「食品」「環境・エネルギー材料」「ライフサイエンス材料」の8つで、それぞれに研究所がある。同社は研究開発ビジョンに『人類の未来を"素財"の力で拓く』を掲げている。「私たちがつくる素材は、"宝財"であると考えているから」と上級執行役員研究開発本部長の芳仲篤也氏はその理由を語る。

「樹脂添加剤」領域で例を挙げると、クリアファ

上級執行役員
研究開発本部長
芳仲 篤也さん

イルをより透明で薄くしたり、家電に使われているプラスチックを燃えにくくしたり、私たちの暮らしの至るところにADEKAの素材が使われている。また半導体メモリ向け高誘電材料は世界トップシェア、エンジンオイル向け潤滑油添加剤では国内新車採用率100％など、存在感も大きい。2020年にはB to Bでの受賞は珍しい日経MJ賞を、食品ロスを減らせる業務用マーガリン「マーベラス」で受賞した。

こうした研究開発・技術力を発揮できるのは「多くの製品群を持っていること。そして8つの研究所の基盤技術があるので、それらを組み合わせての新技術開発が可能であること」と芳仲氏は強みを語る。研究所合同の報告会が随時行われ、互いに刺激を受け合っていることも、新技術が創出される土台となっている。

研究開発ビジョン実現のために設定しているKPIが、「ADEKA Innovative Value（AIV）認定」件数と、「環境貢献製品」の売上高だ。AIV認定は、顧客からの評価などをもとに設定した社内独自の認定で、2019年度の13件を2030年には倍増を目指す。

トライできる職場風土

領域が広いだけにさまざまなことにチャレンジできるのが、同社で働く醍醐味だ。チャレンジの土台となるのが2つのシートによる自己申告制度だ。キャリアの希望を書いてそれをもとに上司と面談する「キャリアアップシート」と、上司を通さず人事部に提出する「キャリアアピールシート」である。

「申告のチャンスが定期的にあり、極力かなえ

研究心や探究心を持つ人には絶好の職場環境

26年に新研究棟（埼玉県久喜市）が完成予定

られるように検討しているため、やりたいことにチャレンジできる土壌がある」（芳仲氏）

新卒社員は入社すると技術職・事務職問わず座学1週間、工場で2週間の研修を受ける。1年目は部署内で若手先輩によるメンター制度があるので新人にとっては心強いと好評だ。育成の柱は、「改革をリードする人づくり」と「信頼される人づくり」の2本立てで、前者では役職に応じた多様な研修がある。「大学で学びきれなかったが、当社で働く上で必要な知識」を獲得してもらうための通信教育も提供。そのほか社会人プログラムや海外研修制度など、手上げ式で学べる場が複数用意されている。学会発表や国の研究機関への出向など研究環境は抜群で、「チャレンジ精神を持ち、可能性を提案できる人、研究心や探究心を持つ人には絶好の職場環境。常に自己研鑽してほしい」と芳仲氏。

今後、成長分野の情報電子領域に注力するため、2026年に研究所の一部を本社隣接から埼玉県久喜市へ移転予定だ。新研究所に情報電子領域を集約することで、より迅速かつ的確に顧客ニーズに対応できることが期待できる。

理系出身の若手社員に聞く

のびのび研究ができる絶好の職場環境

研究開発本部
電子材料開発研究所
半導体材料研究室
海谷 河音さん
（2019年入社）

大学院時代は有機化学を使い、分子をデザインしてどんな物性があるかを調べる研究をしていました。現在、半導体向け材料の設計と合成をしているので、大学院時代の研究が活かされています。イメージ通りの素材ができると思わずガッツポーズ！ですが、うまくいかなくても失敗だと思わず、事例として次の研究に活かしています。入社の決め手は、研究所見学の際に、年齢差のある社員同士がラフにディスカッションしていたことです。いい研究をするには、いいコミュニケーションが大事だと思うからです。実際のびのびと研究でき、絶好の職場環境だと実感しています。

会社DATA

所在地	東京都荒川区東尾久7-2-35
設立	1917年1月27日
代表者	代表取締役社長　城詰 秀尊
資本金	230億4814万円（2023年3月末現在）
従業員数	単体：1808人、グループ：5466人
事業内容	化学品・食品分野における中間素材メーカー
URL	https://www.adeka.co.jp/

グンゼメディカル株式会社

生体吸収材を核に医療機器を開発
——研究から販売までの一気通貫体制で事業推進

\ 記者の目 /
ここに注目 →

☑ 企業の成長とともに自らも高められる人材を求める
☑ 会社として大切にする価値観に沿った行動も評価の対象

　グンゼメディカルは2023年4月、研究開発から販売までを手がける総合医療機器メーカーとして新たなスタートを切った。親会社のグンゼがメディカル事業部の一部機能（研究・開発・販売）を100％連結子会社であるグンゼメディカルに移管し、グループ内での事業体制を強化した。

　今後、グンゼメディカルでは強みである生体吸収材をコアテクノロジーとした医療機器の開発に力を入れる。「革新的な"バイオマテリアル×デバイス"の提供」により、患者のQOL（生活の質）向上により貢献していく方針だ。

組織補強材は国内で高いシェア

　現在、主な取扱い製品はいずれも生体吸収性の骨接合材料や組織補強材、合成人工硬膜のほか、癒着防止材「テナリーフ」、人工皮膚「ペルナック」などの医療用材料。さらに患部の壊死組織を取り除く手術に用いる超音波装置や脱毛レーザーなどの医療機器も販売している。グンゼはメディカル事業部の主力工場である綾部工場（京都府綾部市）に新棟を建設し、生産設備を増強する計画を発表している。綾部工場では組織補強材や人工皮膚などを生産しており、今後グンゼメディカルでも人員の増強などを進める。

　管理部人事総務チームの釣谷藍マネージャーは

代表取締役社長
松田 晶二郎さん

「成長戦略を描き、発展途上にある会社なので、会社とともに成長していきたいという意欲を持った人材を求めている」と語る。

　グンゼが医療分野に進出したのは1980年代。衣料分野で長年培ってきた繊維素材の技術やノウハウを活かし、1986年に日本で初めて生体吸収性縫合糸の事業化に成功した。その後も組織補強材「ネオベール」などを開発し、国内で高いシェアを獲得。事業拡大に伴い、2010年にメディカル事業部、17年に販売子会社グンゼメディカルジャパンが設立された。19年には医療機器の輸入商社メディカルユーアンドエイを買収し、22年にメディカルユーアンドエイ社を存続会社として、グンゼメディカルジャパンが合流する形で、グンゼメディカルが発足する。

　社内には会社の成り立ちからグンゼ、グンゼメディカルジャパン、メディカルユーアンドエイそれぞれの出身者がいる。「今回、グループ内での事業統合を経て、研究開発から販売までを一気通貫でマネジメントすることになったので、組織や部門の垣根を越えて情報をフィードバックしたり、活発な意見交換をしたりする機運が高まっている。ここから新しい企業文化や組織風土を醸成していきたい」（釣谷マネージャー）

年齢や性別を問わず管理職登用

　2023年9月現在、社員数は320人で、そのうち女性が43％を占める。また、女性管理職の割合も課長（マネージャー）以上が16・1％、係長以上が36・6％と高い。マネージャーへの登用も適性や実績、意欲があるかどうかが判断基準とされ、「年齢や社歴、性別は関係ない」（同）という。

癒着防止材「テナリーフ」　　　　　研究開発部門での研究の様子

また、社内での自律的なキャリア形成を支援するため、希望部署についての自己申告制度があるほか、管理職候補となる総合職とスペシャリストを目指す専門職を選択できる複線型の人事制度も導入している。さらに業務に関わる資格取得やセミナー受講などの費用を最大75％会社が負担する助成制度も設けている。

社内で共有し、全社で大切にする価値観として

「優良品の提供に徹し、社会に貢献する」、「Patients First（患者第一に）」、「勇気をもって、ともに変わっていこう」などを掲げている。人事評価制度には業績と行動の2つの評価基準があり、行動面では「周囲によい影響を与えているか」など、業績への寄与だけではなく、この価値観に沿った行動ができているかも評価の対象になっている。

理系出身の若手社員に聞く

職場と大学院で乳房再建基材を研究

現在、乳房再建基材の研究に携わっています。生体内で吸収されながら脂肪組織に置換しますので、乳がん患者が自分の乳房を取り戻すことができる画期的な技術です。2022年春から大学院に学生として籍を置き、週1〜2日は大学院で研究や実験を進めています。30年までの事業化が当面の目標です。

QOL研究部にはさまざまな分野の専門家がいます。研究で壁にぶつかっても的確な助言をしてくれる人が必ずおり、先輩、後輩関係なく相談できる雰囲気が職場にはあります。

QOL研究部 第1研究チーム 主任
加藤 優季さん
（2019年入社）

会社DATA

所在地　　大阪市北区堂島2-4-27
創　業　　1986年
代表者　　代表取締役社長　松田 晶二郎
資本金　　4650万円
従業員数　320人（2023年9月1日現在）
事業内容　医療機器の開発・販売
URL　　　https://gunzemedical.co.jp/

エリア別索引

関東

株式会社 ADEKA（東京都荒川区）

株式会社キャドマック（東京都港区）

坂口電熱株式会社（東京都千代田区）

三和シヤッター工業株式会社（東京都板橋区）

芝浦機械株式会社（東京都千代田区）

ソフトロニクス株式会社（さいたま市桜区）

高砂熱学工業株式会社（東京都新宿区）

株式会社ツガミ（東京都中央区）

テイ・エス テック株式会社（埼玉県朝霞市）

東京水道株式会社（東京都新宿区）

ナプソン株式会社（東京都江東区）

日鉄マイクロメタル株式会社（埼玉県入間市）

日東精密工業株式会社（埼玉県大里郡）

二宮産業株式会社（千葉市稲毛区）

株式会社日本製衡所（埼玉県児玉郡）

マブチモーター株式会社（千葉県松戸市）

株式会社吉野機械製作所（千葉市緑区）

甲信越

株式会社ユウワ（長野県小諸市）

北陸

株式会社中村機械（富山県氷見市）

東海

株式会社 AIKI リオテック（愛知県稲沢市）

株式会社岐阜多田精機（岐阜県岐阜市）

株式会社ジーアクト（浜松市浜名区）

株式会社スギヤマメカレトロ（岐阜県本巣市）

高雄工業株式会社（愛知県弥富市）

ダイサン・株式会社（愛知県小牧市）

株式会社東海機械製作所（愛知県岡崎市）

中日本炉工業株式会社（愛知県あま市）

丸ヨ建設工業株式会社（愛知県岡崎市）

近畿

グンゼメディカル株式会社（大阪市北区）

株式会社光アルファクス（大阪市北区）

中国・四国

株式会社タダノ（香川県高松市）

九州

株式会社 C ＆ G システムズ（北九州市八幡西区）

社名索引

NDC 335

2025年版
スキルを活かす！理工系×企業　ジョブマッチング

2024年2月1日　初版1刷発行　　　　　　　　　　定価はカバーに表示してあります。

Ⓒ編　者　　　日刊工業新聞特別取材班
　発行者　　　井水治博
　発行所　　　日刊工業新聞社　〒103-8548 東京都中央区日本橋小網町14番1号
　　　　　　　書籍編集部　　　電話 03-5644-7490
　　　　　　　販売・管理部　　電話 03-5644-7403
　　　　　　　FAX　　　　　　 03-5644-7400
　　　　　　　振替口座　　　　00190-2-186076
　　　　　　　URL　　　　　　 https://pub.nikkan.co.jp/
　　　　　　　e-mail　　　　　 info_shuppan@nikkan.tech

カバーデザイン　ラグタイム
印刷・製本　　　新日本印刷（株）

2024 Printed in Japan　　落丁・乱丁本はお取り替えいたします。
ISBN　978-4-526-08324-2　C3034
本書の無断複写は、著作権法上の例外を除き、禁じられています。